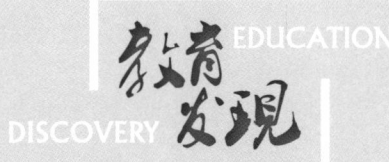

做新教师，从教育发现开始

教育发现

FENG QINGYUAN LAOSHI JIANG YUWEN

冯庆元老师讲语文
——一个乡村中学教师的语文人生

冯庆元 著

山东文艺出版社

吾家有"女"初长成（前言）

（一）

《吾家有女初长成》是著名女作家程乃珊的一篇精美散文，写的是自己女儿逐渐长大、成熟的过程，题目从白居易的《长恨歌》"杨家有女初长成"化用而来。今借而用之，意在说明本书是如何连字成篇，集篇成册的过程，是为《吾家有"女"初长成》。

（二）

我自小学起就对语文情有独钟，作文经常受到老师的表扬。而数学就不同了，自初中以来就没记得考及格过，对数学的恐惧和厌烦就可想而知了。可俗话说得好，"怕鬼就有鬼跟着"，我就曾不止一次梦见学校让我教数学，快上课了，而我对所讲内容还一窍不通，又怎么讲解给学生，真是急煞人也！醒来后还心有余悸，直呼"幸亏是一梦，幸亏是一梦！"其惊恐之心若此。因此，无论何时，只要一见到数学老师，我就打心眼儿里佩服："噫！这人真不简单，他（她）竟然会教数学！"幸亏高中实行文理分科，不然，还不知命运之神又将如何为我导航！

1995年毕业后，被分到莘县柿子园中学教语文，上任伊始的孟广柱校长非常重视学校的教科研工作，鼓励教师要善于总结教学经验，积极写稿、投稿，并制定一系列政策对发表文章的教师予以奖励，这极大地激发了全校教师的教学和写作热情，我至今还记得我发表第一篇文章后被孟校长在例会上表扬时的情形。从此，我就摸索着开始写作，吾家之"女"即开始蹒跚学步。

2000年，学校配置了电脑。学校负责宣传工作兼我们语文教研组长的刘书宪主任接受新事物快且善于钻研，他热情地为我申请了邮箱，还指导我怎样打字、发稿。在刘老师的悉心指导下，我每年都有20余篇文章在省级或省级以上报刊发表。为此，负责我校业务的邵丰华校长还以"教研之声"的形式在全校范围内对我予以通报表扬，殷斌校长还鼓励我继续探索研究，向更高的目标迈进。这样，在学校各级领导的热情关怀和具体指导下，我发表文章的质量和数量都稳步攀升，吾家之"女"已开始独立行走于全国各级报刊。

近两年来，随着投稿命中率越来越大，逐渐引起了一些报刊编辑的注意，先后与吉林省通化市《语文学习报》的丁巍鑫编辑、山西省太原市《语文教学通讯》的佩兰编辑、湖南省长沙市《第二课堂》的孙世奇编辑、广东省广州市《语文月刊》的编辑老师以及陕西师范大学主办的《中学语文教学参考》的编辑老师进行了几次有益的交流。江苏省南京市《初中生世界》的梅香编辑更是给了我莫大的鼓舞，她在发给我的邮件中说："冯老师：新年好！很高兴认识你。在我的作者队伍里，你是张新面孔，最近的一些来稿，尤其是投'日积月累'栏目的，总的来说，对栏目的定位把握得很好，好几个选题也都不错，已选用一二。因为是个新朋友，所以，就想对你有所了解，如果方便，请回复我，跟我说说你的一些情况吧，还有，你是通过什么途径知道我们杂志的呢？若对刊物的栏目、文章有些什么意见或建议也可一并谈谈。盼回复，再叙。南京《初中生世界》梅香。"2011年元旦前后，我又接到了湖北省武汉市《考试指南报》王老师的约稿通知："冯老师好！上篇阅读训练已经上版，现有人教语文七年级（下）现代文阅读训练约稿一篇，稿件要求如下：1. 文章为时文（最好是半年以内的新文章，如果质量特别好，一年内的也可以）；2. 文章包含内容：拟人修辞片段；3. 阅读训练设题要求：（1）设题5—6道，其中应针对"拟人修辞"设1题；（2）毋设拼音和名词解释题。注意：阅读训练要从语文本身的角度去设题，文章内容、结构、线索、艺术手法等方面都尽量要涉及，并参考中考试题模式；4. 交稿时间：不迟于1月18日。因时间较紧，请尽快回复可否撰稿。王老师。"长时间的努力和付出终于得到了社会的认可，至今我已累计发表文章百余篇，计11余万字，吾家之"女"也已亭亭玉立初长成。

（三）

当初曾想，其他教育类专著大多是围绕某一命题展开论述的，见解独到而深刻，而拙作是各章节叠床架屋似的罗列，内容不唯一亦不专一，恰似一碗杂烩菜，难登大雅之堂，以何名之呢？但转念一想，虽然如此，但每一章节都凝聚着我对教育事业的执著与热爱，饱含着我教学过程中的探索与追求，彰显着我的一腔热血与教育情结，从"管蠡之见"到"心曲独奏"，从"班门弄斧"到"含英咀华"，从"指点迷津"到"探本穷源"，从"校场演练"到"下水示范"……莫不然矣，就以"一个乡村中学教师的语文人生"名之吧，遂成其名。

（四）

最后，忽想起清代袁枚的《遣兴》诗，因其思想和意境与此时此景有极大的相通之处，故录之："爱好由来落笔难，一诗千改始心安。阿婆还似初笄女，头未梳成不许看。"只是，笔者需把后两句稍作变通，以明心志："吾'女'已是初笄女，头已梳成请指点。"

此吾之《吾家有"女"初长成》。

冯庆元

于莘县柿子园中学

目 录

吾家有"女"初长成（前言）/1

上编　教学相长

第一章　管蠡之见——一个一线教育人的教育体悟 / 3
　　浅谈对基础教育阶段教育导向的认识 / 4
　　强化语文课外活动　提高学生语文整体素质 / 7
　　课改，重在发挥教师的"悟"性 / 13
　　老师要学会"返老还童" / 17
　　借"惯性"，我牵回了"迷途的羔羊" / 19
　　为什么只长一张嘴巴 / 22

第二章　班门弄斧——一个草根研究者的一家之言 / 25
　　《人的高贵在于灵魂》指瑕 / 26
　　谈"寓逆旅主人日再食"的断句和翻译 / 28
　　《大雁归来》指瑕 / 30
　　"河南乐羊子之妻者，不知何氏之女也"是判断句吗？ / 33

第三章　心曲独奏——一个善思之教师的创意课堂 / 37

语文大课堂中的"质疑"与"探究" / 38

读丰子恺《竹影》的启示 / 41

对"板书设计"的思考与探索 / 45

《羚羊木雕》教学设计 / 52

以文解诗，意趣盎然 / 56

第四章　指点迷津——一个经年教育者的教学心得 / 59

快板诗 / 60

如何强调句中成分 / 62

如何做语句扩展题 / 64

古汉语"异读"现象概说 / 66

"的"、"地"、"得"的用法 / 71

又见"征稿启示" / 73

作文写作"三部曲" / 74

从谈话中学作文 / 76

中编　教学展示

第五章　含英咀华——阅读分析与点拨 / 81

文言文

《关羽温酒斩华雄》赏析 / 82

《孝子孙性》助读与简析 / 85

《楚庄王伐陈》助读与简析 / 87

《齐宣王见颜斶》助读与简析 / 89

《孔子学琴》助读与简析 / 91
《桓子野吹笛》助读与简析 / 93
现代文
《春鸟便是笙歌》精读 / 95
《走不出鞋的脚》精读 / 98
《妈妈爱吃什么菜》赏析及多维解读 / 102
《错失》赏析及多维解读 / 105
《跑步的力量》赏析及多维解读 / 108
《特别的帮助》技法点拨及多维解读 / 111
《人生的第一个约定》赏析及写作借鉴 / 114

第六章　校场演练——习题设计 / 117
文言文
《李淳风推算日蚀》阅读训练 / 118
《太祖教子》阅读训练 / 120
《南村辍耕》阅读训练 / 123
《温人之周》阅读训练 / 125
《待人宽厚》阅读训练 / 127
《〈颜氏家训〉四则》阅读训练 / 129
《负米之恨》阅读训练 / 137
现代文
《爱藕说》阅读训练 / 140
《伸入灵魂的路》阅读训练 / 143
《开镰》阅读训练 / 147
《收购梦想》阅读训练 / 151
《妈妈很早就醒了》阅读训练 / 156

下编　语文人生

第七章　茶余饭后——文化拾趣 / 161

话说"东、南、西、北风" / 162

地名拾趣 / 164

是什么挑逗了人们的乡思 / 167

有趣的"文化搭档" / 170

以文咏志话"解忧" / 173

趣说《后庭花》 / 177

五月天说"五" / 178

孔门为何被称为"儒"家 / 180

时移世易话"君子" / 182

何谓"郡望" / 184

读出健康 / 186

"网"字断想 / 189

词义探源 / 192

何谓"花黄" / 195

金秋时节话"五谷" / 197

第八章　探本穷源——说文解字 / 201

略说"庙"、"寺"、"庵"、"观"、"祠" / 202

说"诽"道"谤"话"讥讽" / 204

"学校"称谓知多少 / 206

略说古代的"冠服" / 208

由"丝"、"匹"说开去 / 211

古代重量单位略谈 / 215

简析"睡"、"寝"、"卧"、"眠"、"寐" / 218

由清明"扫墓"说开去 / 220

纸上谈"兵" / 222

由"行卜"说开去 / 224

"仓库"称谓知多少 / 226

说"官吏",话"官僚" / 228

说"完"、"备" / 230

"黔首"、"黎民"、"庶民"、"百姓"、"布衣"辨析 / 232

"简"、"牍"、"札"、"策"辨析 / 234

第九章　宿儒风采——与往圣为邻 / 235

淡泊明志说"居士" / 236

蒲松龄祭灶 / 239

古人雅称拾趣谈 / 241

欧阳修改文趣话 / 247

寄情寓意说"起名" / 249

"一字之师"例说 / 252

范仲淹苦读并其家训《百字铭》/ 254

追忆陶祭酒 / 256

第十章　下水示范——文学情结 / 259

母爱 / 260

老张 / 262

疯叔 / 265

陇山渭水忆李广 / 267

痛忆老院 / 274

田间小路 / 276

莘县赋 / 278

在惶恐中前行（后记） / 292

上编　　教学相长

管蠡之见——一个一线教育人的教育体悟

班门弄斧——一个草根研究者的一家之言

心曲独奏——一个善思之教师的创意课堂

指点迷津——一个经年教育者的教学心得

第一章

管蠡之见

——一个一线教育人的教育体悟

浅谈对基础教育阶段教育导向的认识

为第一部义务教育法做出重大贡献的贺拉斯·曼恩曾指出："估量科学和文化造福于一个社会，不应过多地着眼于这个社会少数掌握大量高深知识的人，而应着眼于广大人民掌握足够的知识。"这就揭示了国民素质对于社会建设的重要意义。《中共中央关于教育体制改革的决定》也明确指出，基础教育的任务是"提高民族的素质"。但怎样提高民族素质呢？笔者认为，这是一个关系到确立什么样的教育导向的大问题，在实施过程中，应注意以下三个方面。

教育要以"育人"为本

我国著名教育家徐特立先生说："教书不仅仅是传授知识，更重要的是教人，教育后一代成为具有共产主义思想品质的人。"的确，一个人学业上的缺陷不一定会影响他的一生，而道德上、人格上的缺陷却可能贻害他一辈子。所以，"学校里所做的一切都应当包含深刻的道德意义。"（苏霍姆林斯基语）具体地说，学校应从以下几个方面抓起：

首先是环境育人。古语说"人杰地灵"，这从某种意义上揭示了人与环境的关系。席勒也说："道德的阶段只有通过审美的阶段才能实现。"

所以，作为育人场所的学校，一定要善于营造一个有利于学生学习和成长的校园环境，以培养学生的审美情趣，从而陶冶学生的情操、完善学生的人格。

其次是课堂育人。因为教学本身就具有教育性，赫尔巴特也说："教学如果没有进行德育教育，只是一种没有目的的手段。"所以，"教育"应是教学的重要任务之一。我们要充分利用课堂教学这一最经常、最基本的方式去教育学生如何生活、如何做人，使课堂教学成为教育学生的重要阵地。

再就是活动育人。学校活动是和课堂教学相互补充、相辅相成的，因而也同样具有教育性。在活动过程中，要结合学生的身心特点选取活动内容，制定活动计划，明确活动目的，同时要充分发挥学生的积极主动性和创造性，使课外活动真正成为培养学生情趣、发挥学生特长、展现学生能力、张扬学生个性、塑造学生人格、提高学生素质的重要阵地。

教育要面向全体学生

原国务院副总理李岚清曾指出："面向少数还是面向全体学生，这是办基础教育的一个带根本性的问题。"但在日常的教育实践中，不少教师却不自觉地偏移甚至背离了这一教育思想，把眼光只盯在少数几个"有升学希望"的"学习尖子"身上。这不能不说是教育的失败、教育的悲哀！要知道，"榜上无名，脚下有路"不只是对学生的劝慰和指导，同时也是对教师的提醒与告诫！北京市现代教育研究所名誉所长陶西平同志说过这样一句话："在基础教育阶段不要求教师去做伯乐，教师应该是园丁。"园丁，是要用万紫千红来装扮整个世界的。这就要求广大教师在基础教育阶段一定要淡化"选拔"意识，强化"普及"观念，把通向高一级学府的"独木桥"改建成通向四面八方的"立交桥",这无疑是教育战线上的一道亮丽的风景。

教育要促进学生的全面发展

晚清诗人龚自珍在《己亥杂诗》中写道:"我劝天公重抖擞,不拘一格降人才。"当今社会的发展日新月异,我们更加需要不同门类、不同层次的各种人才。所以,我们要始终坚持教育的多样性和培养目标的多元化,采取各种措施,促进学生的全面发展,为其将来迈入社会、服务社会打下坚实的基础,以适应社会发展的需要。

总之,思想是行动的先导。作为基础教育工作者,只有牢牢把握正确的教育导向,才能有效地指导实践,从而为国家、为社会培养出合格的建设者和接班人,我们的基础教育之花才能久开不衰、芬芳永驻,我们的祖国才能无往而不胜!如是,则教育幸甚,国家幸甚,民族幸甚!

(刊于《中小学教育研究》2000年第2期)

强化语文课外活动
提高学生语文整体素质

长期以来，无论教师还是学生，对语文教学都或多或少存在一个"厌"字——教师"厌教"、学生"厌学"。一堂课下来，总有一种枯燥无味、收效甚微的感觉。究其原因，除了受应试教育的制约和影响外，还与教育观念的陈旧、语文教学环境的闭塞有着很大的关系。不少语文教师把语文教学与课堂教学等同起来，把教学内容与课本内容等同起来，这无形中就割断了语文与现实生活的联系，学生也就不能做到"学以致用"，致使语文教学之路越走越窄，以致出现画地为牢、作茧自缚的局面，语文教学陷入"山重水复疑无路"的困境。语文教学难道真的"走投无路"了吗？非也。强化语文课外活动、拓宽语文学习环境就不失为语文教学改革中的一条"阳关大道"。因为语文是与现实生活联系最密切的一门基础学科，哪里有生活，哪里就有语文；哪里有生活，哪里就需要语文。所以我们在进行语文教学时要时刻注意把它与现实生活紧密联系起来，从而培养学生深入生活、驾驭生活的能力。这就要求广大语文教师把语文课外活动纳入语文课程体系，在教学过程中，以课堂教学为"主体"，以语文课外活动为辅助教学手段，为学生学语文、用语文提供广阔的时空领域，使之课内有所学、课外有所乐，二者既相互补充，又相得益彰，何乐而不为呢？

具体说，语文课外活动可分为听话活动、说话活动、阅读活动、写作写字活动和社会实践活动等几个方面。

听话活动

一般情况下，人们交往需借助言语，而言语交流又诉之于听觉，故"听"不能仅局限于"听见"，还要"听懂"。"听懂"就是一种能力的体现，就需要在日常学习中加强训练和培养。

《语文教学大纲》对学生听力的要求是：听新闻广播和一般性发言、听读深浅适度的文章，能复述基本内容，要说出要点和中心。参加讨论，能听懂不同意见的分歧所在，会做听讲笔记。为达到这一要求，我们可以下两种方式进行训练。

1. 记录要点训练

播放课文录音或教师范读课文，学生仔细聆听，同时记下课文中的重点内容，然后再重点研读课文，与所记要点相对照，看二者是否相符，自己注意总结经验和教训。这样反复训练，培养学生"听"的能力。

2. 理清思路训练

这是继第一环节之后的再提高，就是让学生把握事情的来龙去脉，理清文章的思路。训练时可乱读文章各段，让学生听后按顺序排列。

说话活动

《语文教学大纲》对中学生说话能力的要求是：说普通话。回答交谈、讲述见闻、介绍事物、发表意见，做到语音清晰、意思明白、条理清楚、态度自然、养成有礼貌的说话习惯。说话能力可以从以下几个方面去培养。

1. 学说普通话

说普通话是中学生说话能力的一个基本要求。为此，我们首先要为学生营造一个良好的学说普通话的外部环境，就是说，既然要求学生说普通话，那么教师就要带头说普通话。正所谓："其身正，不令而行。"这样，教师说，学生也说，人人都说；课上说，课下也说，时时都说。同时再辅之以听录音训练、普通话学习材料训练，相信，通过日常要求和强化训练，学生的普通话水平一定会得到逐步提高。

2. 举行朗诵、背诵比赛

此项活动可先以小组为单位进行预赛，然后推出优胜者进行全班决赛，最后再对优胜者进行适当表彰或奖励。这样，不仅锻炼了学生的胆量，同时也培养了他们的竞争意识，可谓一举两得。

3. 举行辩论会或演讲比赛

教师可先向学生讲述一些辩论或演讲的有关知识及需要注意的问题，并要善于预见和排解在辩论或演讲过程中出现的意见和分歧，以化解矛盾，统一认识，促进全班的团结和发展。此项活动对于提高学生的思想认识水平和口头表达能力大有裨益。

4. 举行人物介绍主题班会

教师可结合爱国主义教育、先锋模范教育，让学生在课外搜集整理一些爱国志士、模范人物的事迹和材料，写成发言稿向全班介绍，和同学们交流。最后，教师要做好总结。

5. 口头作文

就是要求学生在限定的时间内把构思内容能语音清晰、条理清楚、感情充沛地表达出来，同时要有一定的说服力和感染力。这是说话能力中的一个较高要求，学生不仅要有敏捷的思维能力，还要有较强的口头表达能力。

另外，说话能力的训练和培养还可结合课本中的听说训练，训练学生在说话时不仅要看对象、讲方式、有中心,同时还要注意语速、语调和语态,以达到各方面的完美结合。

阅读活动

　　阅读,是学生获取知识的重要途径,只有博览群书,用知识来武装自己的头脑,才能使自己永远立于不败之地。但在学习过程中,只满足于对课本的阅读、理解和掌握,还是远远不够的。鲁迅先生曾说:"我们必须像蜜蜂一样,采过许多花,这样才能酿出蜜来。倘若叮在一处,所得就非常有限,枯燥了。"所以,我们在教学过程中,要指导学生努力拓展阅读范围,培养其阅读能力。可具体从以下几个方面着手。

　　1. 充分利用课外阅读教材

　　与教科书相匹配的自读课本与课本内容联系紧密,同时又是对课本的有益补充,所以我们要有计划、有步骤地指导学生充分利用,充分发挥其对课本的辅助作用。

　　2. 向学生介绍和推荐其他课外读物

　　结合教学目标和学生思想状况向学生推荐适合他们阅读的课外读物并辅之以科学的指导方法,使学生在阅读中开阔视野、陶冶情操,逐步形成阅读课外书的良好习惯。

　　3. 鼓励学生自由阅读

　　就是让学生根据自己的兴趣爱好和个性特点选择适合自己的课外读物,使自己的爱好和特长得到良好的培养和发展,养成健康的志趣和高尚的情操,为自己的发展奠定良好基础,使自己在未来发展中立于不败之地。

　　4. 举办读书报告会

　　通过一定阶段的阅读训练,让学生畅谈自己的收获和体会,在班内进行交流，其他同学进行补充，同时教师要做好总结，并商讨拟定下一步的阅读方向和发展目标。

写作、写字活动

写作水平的高低是学生语文能力的具体体现，因此，我们在教导学生学习一般文体的同时，还要指导他们写一些和现实生活有紧密联系的日常应用文。如通知、启事、借据、收据、留言条、请假条、申请书、倡议书、介绍信、证明信和调查报告等常用文体。

1. 读报、办报活动

报纸是大千世界的缩影，是生活的百科全书。为了及时获得各方面的信息，适应生活和学习的需要，读报是必不可少的。教师可向学生介绍一些报纸的有关知识，激发其阅读兴趣，让学生在学习中逐步理解和把握。平时让学生注意搜集资料，总结方法，并尝试自办一些简单的手抄报、黑板报等，在办报过程中品尝成功的乐趣。

另外，为适应办报的需要，要逐步提高学生的写字能力，可不定期举办一些书法比赛，激发学生写字、练字的热情。

2. 编演课本剧

戏剧是一种古老的艺术样式，是劳动人民辛勤智慧的结晶。可结合所学戏剧剧本，指导学生尝试着把课本中的文学作品改编成剧本，然后再选出几个优秀剧本进行排练，组织一次戏剧汇演，以此丰富校园生活。

社会实践活动

适当的社会实践可使学生利用所学知识去了解社会、认识社会，以培养学生适应生活并驾驭生活的能力。

1. 做社会调查

教师要明确调查的目的、意义和方法,让学生结合所学知识,把调查的内容和结果写成调查报告。比如可让学生调查商店名称和标语中的不规范用字,可调查某同学的生活费用或学习兴趣等。通过调查和写作调查报告,不仅可以培养和提高学生浓厚的学习兴趣和学习热情,同时也可使之端正思想、提高认识。

2. 组织春游活动

组织春游是让学生走进自然、亲近自然的最佳方式,一草一木总关情,春游不仅可激发学生的爱心,提高其环保意识,同时也使学生疲惫的身心得以调整,从而以更加昂扬的姿态去迎接新的挑战。当然,我们在春游过程中还可组织一些有趣的活动以增加兴致,如识百草、野炊、放风筝等等。

总之,学生语文整体素质提高既离不开课堂上教师知识的讲授,又有赖于有滋有味的课外生活的滋养,二者既紧密联系又相互促进、相得益彰。相信,在语文教学中只要强化语文课外活动,允分发挥学生的主动性和创造性,那么,我们的语文教学之路就会越走越宽广,语文教学也就会变得妙趣横生、趣味盎然了。

(刊于《中小学教育研究》2000年第2期)

课改，重在发挥教师的"悟"性

当下，课堂教学改革开展得如火如荼，各地区、各学校之间的学习观摩、比较切磋也蔚然成风，课堂教改成效显著。但同时也不可否认，在互相学习过程中，由于认识不足、措施不力、方法不当，也出现了不少这样那样的问题，它们都或多或少地制约着教改的进一步发展和提高。就像一些地方盲目搞生产一样，这里参观，那里学习，不管气候是否适宜，也不管品种是否适合，回来后就一哄而上。人家植林，咱也种树；人家采桑，咱也养蚕……而最后呢，还不是不了了之，费时费力，劳民伤财。

概括说来，不少课改之举重"学"轻"悟"，且"学"而不当，主要表现为以下几种类型：

1. 邯郸学步型——望风而动、见异思迁

随着课堂教学改革的不断深入，改革亮点的不断涌现，不少学校大江南北走遍，长城内外学完；到头来却自己风格尽失，别人特点全搬。在整个学习过程中，直如风中纸鸢，随风飘荡；又似水上浮萍，任意西东。最终落得个寿陵少年的下场——"未得其仿佛，又复失其故步"，最终"匍匐而归"。如此课改，不亦悲乎！

2. 鹦鹉学舌型——人云亦云、亦步亦趋

不少人学"成"归来，仅限于播他人之道，传别人之言。从桌凳摆放到室内张贴，从环节设置到时间分配，一概照搬，全盘"他"化。从里到外，泥"人"而不化；从头到尾，履陈而无新。直如学舌鹦鹉，人云亦云；又似刻板学究，照本宣科。如此课改，不亦哀乎！

3. 薛谭学讴型——蜻蜓点水、浅尝辄止

不少人觉得自己转了几个名校，见了几个名师，听了几节名课，便摇身一变，俨然自己也成名师了。于是便时时炫耀，处处领先；道听途说，传"经"送"宝"。一如学讴的薛谭——"未穷青之技，自谓尽之"。诚如是，则世间难觅教书匠，遍地都是教育家了。如此课改，不亦惑乎！

4. 越人造车型——正误不辨、迷信盲从

不少人觉得，只要是推出来的名师名校，那就十全十美，无可挑剔，于是就不加分析和思考地一味照搬，一概照学。视错讹为特色，看谬误成样本。人家撤讲桌，他就砸讲台；人家上外堂，他就跑野外。是非非是，迷信盲从，到头来只能落得个误人子弟、贻害无穷。自己就像闭门造车的越人那样——"终不知其车也"。如此课改，不亦谬乎！

"学"之弊，大略若此。

而更可悲的是，不少学校又总喜欢将学后表演或展示作为衡量老师学成与否的重要标准。学以致用嘛，老师们学"成"归来后，他们要"洋思"都"洋思"，要"杜郎口"都"杜郎口"，这样一来，一是显得老师学得卓有成效，再者，领导脸上也有光彩。他们或许会说，你看，我们的老师都会运用洋思教学模式了，或我们的老师都会运用杜郎口教学模式了，云云，最终，学习者和组织者皆大欢喜，乐此不疲。于是，这无形中更助推了老师们的迷信与盲从，使他们在"盲学"的道路上越走越远，越陷越深，以致不能自拔，贻害无穷。

其实，教学是最要不得什么"统一要求"、"强求一律"的，因为学校教学不是搞会操表演，也不是搞阅兵式，步调越整齐划一越好，那样的话，学校干脆放录像带得了，还用得着一个教室一个老师去上课吗？所以说，教学是最要不得什么"教条"的。凡"教条"，必"僵化"，一僵化，还有什么生机与活力可言，还怎样让老师发挥主观能动性去"悟"！

然何谓"悟"？"悟"者，"吾"之"心"也。人各有心，其心各异，其"悟"亦不同也。"悟"是最容不得他人干涉的，掺入了别人的态度或意见，又怎能说是己之"悟"？俗语云："教学有方，但教无定法"，这里的"教学有方"指的是"教学方法"，但它不是教条；而"教无定法"则是指教师各人的"悟"了，它可以随机应变。那么，有的校领导不禁要问了：这样一来，学校不就无事可做了吗？让老师各自"悟"去不就得了？非也，学校的主要职责是"看教师授课是否以学生为中心"，只要他不是"满堂灌"、不是"填鸭式"就行了，他只要以学生为中心，你就甭管了，放开手脚，让老师们自己尽情去"悟"，你甭管他是怎样导学的，也甭管他是怎样训练的，让他由着自己的悟性做就是了。

而作为教师，在"悟"的过程中，要始终注意摆正自己与学生的关系，时刻做到以学生为中心。我们可以以发射火箭作比，学生好比是火箭，而教师就好比是地面操控人员，操控人员的使命和任务就是如何让火箭上天，并按要求完成各项任务，而自己是不用也不能随着火箭一齐上天的，你只需时时刻刻掌控它的运行轨道就是了。也就是说，作为教师，要时刻注意培养学生的主观能动性和创造性，把他们逐步培养成具有独立精神和自由思想的人。

人言：商场如战场，这道出了它的"残酷"。而今，作为教师，我们同样也可以说，课堂如战场，这则强调了它的"灵活"。但无论它怎样地灵活多变，只要我们时刻牢记"以学生为中心"，我们就如同拿到了这把打开"课改"大门的钥匙，时刻铭记它、牢牢掌握它、灵活利用它，一切问题便会迎刃而解，我们的课堂改革就能无往而不胜！

所以，我以为：课改并非应"学"字当头，而应"悟"字领先。

老师要学会"返老还童"

"**学**生不学习"、"学生难管",是老师们坐到一起常说常新的话题,比如:某某又没交作业了,某某又上课说话了,某某又和老师顶嘴了……一个个你方唱罢我登场。的确,由于各方面的原因,现在的课堂越来越难驾驭是一个不争的事实,也是有目共睹的,任凭你怎样苦口婆心、怎样横眉冷对,甚至怎样尖酸刻薄,都无济于事,学生们依然故我,泰然处之,老师们无计可施,便只有躲到一旁孔夫子似的抱怨:"朽木不可雕也!"事实虽不尽如人意,但元旦前的一堂课却引发了我深深的思索。

那是12月30日下午第二节课,临近下课,我照例在班内做巡回指导。这时,一位男生怯怯地递过来一张贺卡,羞涩地说:"老师,快元旦了,祝您新年愉快!"我一愣神儿,便马上一脸灿烂地回他道:"同学,谢谢你!"这时,左边又递过来一张贺卡:"老师,新年好!"我还没来得及回应,右边又是一张贺卡、一声问候。霎时间,前前后后、左左右右,我被一片问候与祝福包围了……我简直不敢相信——这还是我的那群淘气鬼吗?那一张张贺卡、一声声问候,是孩子们那一颗颗纯洁的心、火热的心、宽大的心……他们没有在乎老师曾经的厉声呵斥、曾经的怒目而视、甚至那曾经的冷嘲热讽,他们的内心还依然那样明朗,他们的神情还依然那样欢畅,因为他们还依然是个孩子,依然是阳光少年,这是我们永远都不能忘记的一个事实。

马克思说过:"年轻人犯点错误,上帝也会原谅的。"的确,人非圣贤,孰能无过。更何况是人生的花季雨季!今后,我们要做的就是——沉下心来,"返老还童"——用同龄人的眼光、心理和行动标准去看待这些学生,去思考这些学生,从而去更好地引导这些孩子们!

借"惯性",我牵回了"迷途的羔羊"

一次物理课后的语文自习,上课铃已响,我走进了教室,但班内仍是"听取蛙声一片"——同学们仍沉湎于物理习题的争论而乐此不疲。黑板也没有擦,《物体的惯性》的课题还赫然在目。

怎么办?看那阵势,即使我喊破喉咙也无济于事。我急中生智,转身在黑板上写下这样几个字:"继续研究'惯性'!"还把"惯性"两个字写得特别醒目。

还真见效,班内顷刻便风平浪静了。我乘势说:"看到同学们学习物理学的兴趣这么高涨,我也被深深感染了。子曰:'学而时习之不亦乐乎。'下面我们就共同温习一下:什么是惯性?"

真是"一石激起千层浪",同学们纷纷举手抢答,而机灵鬼小路更是不令而行、一马当先:"惯性就是物体保持自身原有运动状态或静止状态的性质。"回答得干脆漂亮。

我马上表示赞许,示意其坐下。又问:"它有什么消极影响吗?"

"好撞车!""好出交通事故!"……班里又沸腾了。

我趁热打铁:"老师也刚刚遇到一个问题,不知它是否也属于'惯性'……"

话没落地,就被同学们抢着问道:"快说,老师,什么问题?我们帮您解决!"

"你们上节课学习了'惯性',我们这节课又复习了'惯性',我想,这事儿本身所表现的是不是也是一种'惯性'呢?"

短暂的沉默,忽然响起一个声音:"是!"心直口快的小强马上表态,"不愧是老师,能举一反三。"

全班哄笑。

"这'惯性'导致了什么交通事故呢?"

"交通事故?"全体一怔,又哑然无声了。

"就是——"我故意欲言又止。几个"小张飞"却早已耐不住性子,纷纷讨教。"就是上节课的物——理——快——车——,由于惯——性——,呼啸而来,过关斩将,现仍未停车,又驶入……"

"噢!"大家如梦方醒,"又驶入我们的语文天地了。"

"现在我们要做的是……"

"紧急刹车,学习语文!"简直是异口同声。

"是不是有点不合时宜啊,既然已进入'语文天地'了,能不能'入乡随俗',也带点文学色彩呢?"

"能!"同学们又是个个奋勇、人人争先:有说"改弦更张"、"亡羊补牢"的,有说"拨乱反正"、"悬崖勒马"的,有说"苦海无边,回头是岸"的,有说"洗心革面,重新做人"的,还有说"放下屠刀,立地成佛"的……群情振奋,如"怒涛排壑,不可遏矣"!

我窃喜:这不正是我梦寐以求的语文课堂吗?

后记:俗话说:"海阔凭鱼跃,天高任鸟飞。"但应注意的是,这须有老师的正确引导,否则,那是不可想象的。更值得一提的是:我们在教育教学过程中难免会遇到逆流、漩涡和险滩,这时,我们更应静下心来,冷静思考、慎重处理,多一些智言慧语,少一点疾言厉色。通过看学生的"风",来使老师的"舵"。让学生在"春风化雨"中实现"软着陆",让学生在教师的"大迂回"中踏上坦途,这样,才能更好地去探求未知的世界。能如是,则学生幸甚,教师幸甚,教育幸甚!

(本文曾获"山东省第二届教育叙事"三等奖,并刊于《语文教学通讯·初中版》B刊2010年第10期)

附:

《语文教学通讯》B刊2010年第10期"镇西茶馆"之"掌柜品茶":

都上语文课了,可孩子们还在争论上节课的物理题,这可真让语文老师恼火。但是冯老师不恼,他从容地运用物理课上的"惯性",一步步地牵引学生走进语文课。这是一种课堂教学机智,更是一种对儿童心理的尊重。试想一下,假如冯老师怒不可遏一阵呵斥,这课又将如何?

为什么只长一张嘴巴

今年接了七年级两个班的语文课,由于刚升入初一,学生的学习习惯还未养成,所以,作为老师,在教学过程中自然也就得多费些心思和口舌。

这不,自习课上,老师的后脚还没有迈出门槛儿,班内就已如雨后蛙鸣了,我只得折身返回。怎么办呢?自习课总不能让老师警察似的维持秩序吧,要培养他们良好的学习习惯啊。于是,我说:"同学们可能是学习累了,想和同学们交流交流,这也自然。况且,孔子不也说过'独学而无友,则孤陋而寡闻'吗?但我想问的是,老师是否也可加入同学们的讨论,并请同学们帮老师解决一个虽百思而未得其解的问题吗?"

"好!"真是一呼而百应。

"老师总也想不透:人为什么有两只耳朵、两双手,而嘴巴却只有一张呢?"

全班愕然,也许是觉得我这个问题太离谱了,但接着,那四五十个小脑瓜儿又一如他们那一双双明亮的眼球一样转动起来⋯⋯

有人怯怯地举手回答:"好像是沿中轴线对称的缘故吧!"

全班大笑。但接着有人反对:"如果长两张嘴巴也可沿中轴线对称啊!"是啊,同学们又陷入了深思:是啊,人为什么只长一张嘴巴呢?

"也许——也许是女娲娘娘一开始就是这样造人的吧!"全班又被惹得人仰马翻了……

"那么,女娲娘娘为什么一开始就要这样造人呢?"我也像孩子们一样天真。

全班出奇的静,看着孩子们全身心地投入,说实在话,感觉真好。我继续启发引导:"同学们可以从耳朵、嘴巴和双手的作用来考虑考虑。"

同学们开始嘀咕:耳朵可以听,嘴巴可以吃饭、说话,双手可以劳动……

"是啊,耳朵可以听声音,且兼听则明,故生双耳;嘴巴可以吃饭、说话,身兼两职,任劳任怨;双手可以劳动,且多劳多得,故生双手。这样说来,同学们觉得它们所受的待遇公平吗?"我不失时机地总结发问。

"不公平!"语气慷慨激昂且有打抱不平之意。

"那么我们是不是该为我们的嘴巴'减负'呢?它可是身兼两职啊!并且是我们赖以生存的基础,可关系到我们的生死存亡啊!"我语含深情且极富同情。

全班又开始窃窃私语:是啊,怎么为自己的嘴巴"减负"呢?不吃饭?不行!不说话?哎!似乎倒可以。

我趁热打铁:"同学们说得好,我们唯一的且我们赖以活命的嘴巴不吃饭不行,俗话说得好:人是铁,饭是钢,一顿不吃饿得慌。但不说话也不行,因为这不仅是嘴巴的义务,另外,它还是嘴巴的权利呢。它身兼两职就已经够委屈的了,我们总不能再剥夺它的权利吧!那,怎么做才好呢?"

"那——那就只能是少说话了。"全班认同。

"那么,有没有一个标准呢?怎样才能少说话?掌握到什么分寸?"

"该说就说,不该说就不说呗。"

"好!"我一下来了精神,"下面,我再问同学们最后一个问题,那就是:自习时间,同学们该不该说——话——?"我终于抛出了自己最后一张底牌。

"啊!"全体惊呼,"上当了,我们落入老师的圈套了!"

"不该说——不该说——"全班齐呼。

这,就是孩子。犯错——改错——再犯错——再改错……在错误中前进,在错误中成长。至此,我又想起了马克思说过的一句话:"年轻人犯点错误,上帝也会原谅的。"当然,我们不是上帝,但,我们也不是魔鬼,我们是人类灵魂的工程师!

(刊于《语文学习报·教师版》2010年12月13日第24期)

第二章

班门弄斧

——一个草根研究者的一家之言

《人的高贵在于灵魂》指瑕

——谈"插入语"的使用

苏教版八年级下册《语文》第九课《人的高贵在于灵魂》（选自《中华活页文选》2004年第3期）是当代学者、散文家周国平先生的一篇论说文，文章第二段末有这样一句话："这两则传为千古美谈的小故事表明了古希腊优秀人物对于灵魂生活的珍爱，他们爱思想胜于爱一切包括自己的生命，把灵魂生活看得比任何外在的事物包括显赫的权势更加高贵。"窃以为，应在第二分句中的"包括自己的生命"前及"包括显赫的权势"前和后各加一个逗号，从而改为："这两则传为千古美谈的小故事表明了古希腊优秀人物对于灵魂生活的珍爱，他们爱思想胜于爱一切，包括自己的生命，把灵魂生活看得比任何外在的事物，包括显赫的权势，更加高贵。"

对此，我们可以从句子的语法结构上进行分析。

显然，分句中"包括自己的生命"和"包括显赫的权势"皆为插入语，或说句子的独立成分，它是句子中的一个特殊成分，其语言单位多种多样，包括词、短语和句子。它在句子里的位置是不固定的，结构上也不与其他成分发生关系，在结构上是可有可无的。但在表意上却往往是必要的，可引起对方注意或表示强调。书写时，插入语的前后一般要有逗号。如：

1."好（插入语），就这么办。"（《现代汉语》张斌主编 中央广播电视大学出版社出版1988年版）

2."前面有车，当心（插入语）。"（《现代汉语》张斌主编 中央广播电视大学出版社出版1988年版）

3."长江以南有些地方，比如广东、福建（插入语），冬天是很少见到雪的。"（"21世纪高校文科教材"——《现代汉语》冯志纯主编 西南师范大学出版社2003年版）

当然，插入语后也有不用逗号隔开的。如：

4."听说（插入语）大家都不喊她的名字，喜欢尊称她叫'老太婆'咧！"（《红岩》罗广斌 杨益言）

5."我家的后面有一个很大的园，相传（插入语）叫做百草园。"（《从百草园到三味书屋》鲁迅）

但是，经分析不难发现，凡不用逗号隔开的插入语皆为词（不是短语或句子，如4、5），且必须出现在全句之首（如4）或分句之首（如5）。即便如此，在更多情况下，插入语后也往往是用逗号隔开的（如1）。再如："哈（插入语）！胡子这么长了！"（《故乡》鲁迅）插入语后则用一感叹号隔开。

但所举例句插入语（"包括自己的生命"、"包括显赫的权势"）既不属词（皆为短语），也没有出现在句首（分别在分句末和分句中），那么，理所当然，其前后应用逗号隔开。如此，不仅符合语法规范，且诵读起来也较为自然流畅。

不知众方家以为然否？

（刊于《语文学习报·教育版》2010年1月25日第30期）

谈"寓逆旅主人日再食"的断句和翻译

断句是文言文阅读中一个重要环节，是理解文言文的前提和关键。

人教版八年级下册和苏教版八年级下册都不约而同地选入了明初文学家宋濂的《送东阳马升序》一文，都把"寓逆旅主人日再食"一句断句为"寓逆旅，主人日再食"，且给出的翻译各不相同。人教版《教学参考书》译为"寄居在旅店里，主人每天只提供两顿饭"，且注"食"为"sì"，译为"提供伙食"；苏教版《教师教学用书》则译为"住在客舍里，每天只吃两顿饭"。但笔者在教学过程中以为以上断句和翻译都有值得商榷之处，故提出陋见，以就教于大方。

先说其断句。据文章内容可知，作者因"家贫"，幼时所读之书尚且"难致"。所以在加冠之后，外出从师之时便只能享用"日再食"和"缊袍敝衣"等"口体之奉"了，用现在的话来说便是"节衣缩食"。而问题在于致使其"日再食"的是"逆旅主人"吗？非也，是其"家贫"使然。因其"家贫"，当时国家又没有"廪稍之供"（不像当今"学于太学"的马生等人），你不"日再食"又能怎地！如此看，我们如果把它断句为"寓逆旅，主人日再食"，那岂不是把"日再食"之过嫁祸于"逆旅主人"了？若如此，那店主无端蒙此不白之冤不与断句者对簿公堂才怪呢！另外，我们对此还可从另一角度去分析。我们不妨把"逆旅主人"换成它的一个同义词"东家"，且二词从语法上分析也同属偏正结构，如此，我们即可把它说成"寓东家，日再食"，总不能把它断句为"寓东，家日再食"吧！所以，句中"逆旅"和"主人"是不能断开的，此句应且只能断句为"寓逆旅主人，日再食"。

  再说其翻译。通过以上分析，既然作者"日再食"之故不是店主所为，所以也就不能如人教版所译"主人每天只提供两顿饭"了，且"食"也就不能读为"sì"，且译为"提供伙食"了。而应如苏教版所说"每天只吃两顿饭"。句中"食"仍读为"shí"，意为"吃"，"再食"即为"吃两顿饭"，中间省略量词，此用法与《曹刿论战》中"一鼓作气"之"一鼓"用法相同。

（刊于《学语文之友》2010 年 9 月下）

《大雁归来》指瑕

课文指误，看似蚍蜉撼树，不自量力。但俗语云："金无足赤，人无完人。"那么，作为范文的课文当然有时也不是无懈可击的。今就人教版八年级下册第三单元14课《大雁归来》撷取数例并略作分析，以就教于大方。

1. 第2自然段："而一只定期迁徙的大雁，下定了在黑夜飞行200英里的赌注，它一旦起程再要撤回去可就不那么容易了。"句中"一只"用法欠妥。

作者（或译者）也可能是为和本段前面的"一只主教雀"的"一只"和"一只花鼠"的"一只"保持一致以取得语句阅读上的连贯和顺畅而用"一只"的。殊不知，这却忽略了大雁的生活习性。《辞海》（上海辞书出版社1999年版）介绍说："大雁群居水边，往往千百成群"，"群雁飞行，排成'一'字或'人'字形，人们称之为'雁字'，因为行列整齐，人们称之为'雁阵'。"还说"雁队成6只，或以6只的倍数组成，雁群是一些家庭，或者说是一些家庭的聚合体。"如此看来，说"一只定期迁徙的大雁"的说法是有违大雁的生活习性的。当然，大雁有时的确也是"形单影只"的，但那仅限于本文第8自然段所分析的那样，"孤雁"是"丧失了亲人的幸存者"。而对于"定期迁徙的大雁"却不应是

"一只"的，我们不能仅仅为了行文的连贯而忽略事物的规律和习性，正如课文第 1 自然段前面用了"一只燕子"，后文可同样再用"一群大雁"一样。

2．第 5 自然段第一句："第一群大雁一旦来到这里，它们便向每一群迁徙的雁群喧嚷着发出邀请。"句中"每一群……雁群"重复啰唆。

也正如不能说"一群人群"一样，故不能说"一群雁群"，这样读之拗口，思之可笑。而应说成"一群人"或"一群大雁"。

3．第 5 自然段第三句："在我们的农场，可以根据两个数字来衡量春天的富足：所种的松树和停留的大雁。"句中"两个数字"和"所种的松树和停留的大雁"搭配不当。

前面既说"两个数字"，那么后面即应对应地使用两个数词或两个表示数词意思的词。而文中对应两词"所种的松树"和"停留的大雁"皆为名词短语，恐怕即使是孙行者的火眼金睛也看不出它们的数词意味来。故可把它们相应地改为"所种的松树棵数"和"停留的大雁只数"，或"所种的×棵松树"和"停留的×只大雁"，甚或改为"所种的松树和停留的大雁的数量"，这样也就前后照应了。

4．第 7 自然段中"而且声调忧郁"后逗号使用不当。

段中"共性"后用一冒号，根据冒号的用法和作用，其后直至句号前内容应全是对"共性"的解说。也就是说，冒号要管到句末，不能只管到句中。但句中"于是人们就得出结论：这些孤雁是伤心的单身"部分明显是不属于"共性"的范畴的，故"而且声调忧郁"后逗号应为句号。

另外，"通过对春雁集会的日常程序的观察"中"程序"一词也使用不当，因为"程序"不同于"事物"或"现象"，是可以用来观察的。退一步说，人们也不能从"表示事情进行的先后次序"的"程序"中"观察"出什么"共性"来，故可把"日常程序的"去掉，从而改为"通过对春雁集会的观察",这样语句也更为简明了。

5. 第9自然段第二句:"在那儿,有很长一段时间都是静悄悄的,人们听到的只是沙锥鸟扇动翅膀的声音,远处的一只猫头鹰的叫声,或者是某只多情的美洲半蹼鹬从鼻子里发出的咯咯声。"前后矛盾。

前半句说"有很长一段时间都是静悄悄的"。何谓"静悄悄"?《现代汉语词典》解释为:"形容非常安静,没有声响。"既为"非常安静,没有声响",又缘何能听到"沙锥鸟扇动翅膀的声音"、"猫头鹰的叫声"和"某只多情的美洲半蹼鹬从鼻子里发出的咯咯声"?且从文章内容看,这三种声音是应在"很长一段时间"之内的,因为下文说,"然后"即"很长一段时间"之后才"出现"了"刺耳的雁叫声"。故建议把"有很长一段时间"改为"一般"。

以上浅见不知当否?恳请众方家指正!

(刊于《语文学习报·教师版》2010年10月18日第16期)

"河南乐羊子之妻者，不知何氏之女也"是判断句吗？

——兼谈古汉语判断句、叙述句和描写句

在日常教学中，人们常把"河南乐羊子之妻者，不知何氏之女也"作为判断句来对待，原因就是它具备了古汉语判断句的典型格式——"……者，……也。"但是，判断句的常见格式甚至典型格式只是判断句的辅助成分，并非判断句的决定性标志，那么，什么样的句子才是判断句呢？

所谓判断句，就是指由名词、代词或名词短语作谓语，对主语作出判断，表示主语所代表的人或事物是什么或不是什么的句子。如"亚父者，范增也"（《史记·项羽本纪》），句中名词"范增"作谓语，对主语"亚父"作出判断。再如"孟尝君怪而问之，曰：'此谁也？'"（《冯谖客孟尝君》）句中疑问代词"谁"作谓语，对主语"此"作出判断。而句子"陈胜者，阳城人也"（《史记·陈涉世家》）则是名词短语"阳城人"作谓语，对主语"陈胜"作出判断。古汉语判断句除"……者，……也"这一典型格式外，还有"……，……也"、"……者，……"、"……，……"等常见格式，但无论格式如何变化，其由名词、代词或名词短语作谓语的特点是不会变化的，在此不再赘述。

下面我们再分析分析"河南乐羊子之妻者，不知何氏之女也"是否符合判断句的句法要求。句中"不知何氏之女"作谓语，而它是不是一

个名词、代词或名词短语呢？显然不是，而是一个动宾短语，所以它不是一个判断句。除此方法之外，我们还可以通过把它译成现代汉语的方式来判断它是不是一个判断句。因为凡古汉语判断句在译成现代汉语后，需在主谓语之间加一判断动词"是"。如前例"亚父者，范增也。→亚父（是）范增。""此谁也？→他（是）谁？""陈胜者，阳城人也。→陈胜（是）阳城人。"而"河南乐羊子之妻者，不知何氏之女也。"译成现代汉语是"河南乐羊子的妻子，不知道是谁家的女儿。"如在其主谓语之间加一判断动词"是"，那就不仅会读起来觉得拗口，况且也不符合语法规范，由此看，它也不是一个判断句。而如果我们把它稍作变形，改为"河南乐羊子之妻者，张氏之女也。"那么它就是一个判断句了，因为这样一来它的谓语"张氏之女"是一名词短语，不仅符合判断句的要求，而且翻译过来之后也语句通顺，符合语法要求了。那么，它到底是一个什么句式的句子呢？它是一叙述句。

所谓叙述句，就是由动词或动词短语充当谓语的句子。如"夫功者难成而易败，时者难得而易失也"（《史记·淮阴侯列传》），句中动词短语"难成而易败"、"难得而易失"分别对主语"功"和"时"进行叙述说明。再如"予观夫巴陵胜状，在洞庭一湖，（洞庭湖）衔远山，吞长江……"（《岳阳楼记》），句中动词短语"衔远山"、"吞长江"概括叙述说明了主语"洞庭湖"的恢宏气势。而"河南乐羊子之妻者，不知何氏之女也"的谓语"不知何氏之女"也就是对主语"河南乐羊子之妻"的一个叙述，并没有进行判断，仅略作说明而已，所以它是一个叙述句。

根据句子的谓语性质，除把句子划分为判断句和叙述句外，还有一类，那就是描写句。所谓描写句，就是以形容词或形容词短语作谓语说明主语状态的句子。如"邹忌修八尺有余"（《邹忌讽齐王纳谏》），形容词短语"修八尺有余"作谓语，说明主语"邹忌"的身材和身高。再如"（洞庭湖）……浩浩汤汤，横无际涯"（《岳阳楼记》），形容词短语"浩浩汤汤"、"横无际涯"作谓语，说明主语"洞庭湖"的水势浩大。再如蒲松龄《促织》："审视之，（促织）短小，黑赤色。"形容词短语"短小"、"黑赤色"作谓语，说明主语"促织"的大小和色泽。

　　在此需着重指出的是，描写句虽多以形容词或形容词短语作谓语说明主语的状态，但有时也和判断句一样，以名词短语作谓语。虽然如此，它们对主语的作用却是不同的，判断句的谓语是对主语进行判断，而描写句的谓语则是对主语进行说明，说明主语的性质或状态。如"永州之野产异蛇，（蛇）黑质而白章"（《捕蛇者说》），句中谓语"黑质而白章"虽是一名词性偏正短语，但它却是对主语"蛇"的补充说明，所以全句仍是一个描写句，而不是判断句。再如"审视，（促织）巨身修尾，青项金翅"（《促织》）亦是如此。此类句子在中学课本中还较为多见，如"邹忌……形貌昳丽"（《邹忌讽齐王纳谏》），"山多石，少土"（《登泰山记》）等等。

　　总之，判断一个句子是判断句、叙述句还是描写句，不能只看句子形式，还要分析其谓语性质以及谓语对主语所起的作用，只有全面分析，才能得出正确的结论。

第三章

心曲独奏

——一个善思之教师的创意课堂

语文大课堂中的"质疑"与"探究"

——我是怎样设计自己的语文课堂的

在日常生活中,我们似乎都有这样一种感触和体验:对于突然出现在眼前的新事物或新问题,我们总有急切地去感知它们的欲望,自己的心就像被什么东西牵引着,非要揭开它的"庐山真面目"不可。然后,通过全面地了解、科学地分析和深入地研究,等问题真相大白之后,我们也便如释重负、豁然开朗了——噢,原来如此!由此,我们便品尝了探究的乐趣与收获的喜悦,内心也便阳光灿烂了。举个例子说:比如在公园游玩时,突然看到一种新奇的树种。于是,我们的疑问就来了:哎,这是一种什么树呢?适宜什么样的生长环境呢,酸、碱、旱、涝,抑或中性?木材质地又如何,坚硬还是疏松?有什么用途呢,做梁檩、家具抑或只是绿化美化?生长速度如何?易染什么病虫害吗?根生还是籽生?落叶还是常青……然后通过向园林人员或游人询问从而使问题逐个得以解决。哦,原来这就是所说的什么什么树啊,它可以……可以……至此,一系列问题得以解决,于是不免心生感慨:真是获益匪浅,不虚此行啊!

于是,我们便可得出了如下结论:对新事物、新问题"质疑"与"探究"的过程,就是一个对新事物的认知过程,也就是一个学习的过程。

由此，我想到了我们的语文课堂教学。

当我们的学生面对一篇新课文时，是否也同样有或多或少的质疑与思考呢？是否也同样有或多或少去认知它们的愿望和兴趣呢？最终是否也同样有或多或少的收获呢？答案是肯定的！只是老师应充分发挥"导"的作用，把上面的几个"或多或少"变成几个"多多益善"，如此，学生在课堂上也便会受益良多、满载而归了！

这就要求老师在整个课堂教学过程中，时刻注意引导学生多问几个为什么，即于无疑处提出问题，而这一系列问题自然也就成了这节课的学习目标，而对这些问题的探讨，那自然也就是这节课的学习过程了。探讨完毕，则学习过程结束，教学任务完成。因此，我们就可自然而然地把教学过程分成若干个"自主设疑"和"自主探究"部分，这若干个部分主要靠学生自己来完成，老师的主要任务是组织课堂，加以引导，引导学生的"质疑"与"探究"。

比如，面对一篇新课文，老师在激情导入后，便可引导学生作以下思考。

首先，一看标题，便可引发不少同学的好奇心：课文以此为题将写到什么内容呢？这标题有什么深刻含义吗？作者如此拟题有什么好处呢……

往下看到作者，便又可引发生发以下思考：作者何许人也？古今还是中外？有何作品？什么称谓？他是在什么情况下写这篇文章的（写作背景）……

然后，在学习课文之前，可引导学生对课文进行整体质疑：从这篇文章中我又能学到哪些生字词呢？这是一篇什么文体的文章呢？文章的主旨是什么呢？对我们又有什么启发呢……

之后，再回过头来对课文进行"研读"，即与文本进行深层次对话，亦即我们常说的"精读"。只有通过精读，学生才能深入领会文章的本质与内涵，才能与文章作者产生强烈的感情共鸣，才算真正读懂了课文。为此，可引导学生结合文体特点分别从以下几方面进行设疑与探究。比如，在这篇文章中，我学到了哪些优美句段呢？作者是如何行文的呢？行文中有没有进行总领、总结，过渡、照应呢？运用了什么写作手法呢？……这样，学生在经过一系列"质疑"与"探究"之后，才算真正读懂了课文，文章才是自己的。探究完毕，这节课也便告终。

另外，尚需说明两点。

一是可改课前预习为课堂学习，让学生彻底地从繁重的课后作业中解脱出来。之所以如此，主要是基于学生在校时间短而课业负担又相对过重考虑。在这种情况下，学生可自由支配的时间少之又少，老师即使布置学生预习，而对大多数学生特别是农村学生来说其预习效果与质量也会大打折扣。于是，我便改课前预习为课堂学习，这样不仅能吊起学生课堂学习的胃口，还有利于老师对学生学习引导和质量把关。

再者，正是由于改课前预习为课堂学习，这无形中就加重了课堂负担，因此语文课堂最好两节连排，是为大课堂。之所以这样，是因为在现行语文教材中，多数课文是不能一课时（40分钟）完成的，为了保证知识的连贯性和语文课堂的整体性，同时也是为了让学生趁热打铁、一鼓作气、一气呵成，因此，窃认为语文课堂还是两节连排（80～90分钟）为好，这样可有效避免学生学习过程中不必要的知识脱节与时间浪费，使学生更便于全面系统地把握课文内容。

是为吾之"语文大课堂中的'质疑'与'探究'"。

以上浅见，不知众方家以为然否？

读丰子恺《竹影》的启示
——例谈"结构图解"与"板书设计"之异同

我国著名画家丰子恺在《竹影》一文中记叙了几个孩子在月光下的水门汀上用木炭参参差差地描竹叶一事,然后借"爸爸"之口道出了作画中"描"与"画"的区别:虽然"这种描法"(月下描竹影)"很容易又很好看","但是这么'依样画葫芦',终究缺乏画意"。又说:"画竹不是照真竹一样描,须经过选择和布置。画家选择竹的最好看的姿态,巧妙地布置在纸上,然后成为竹的名画。"随后又把中国画和西洋画做了比较:"中国画不注重'像不像',不像西洋画那样画得同真物一样。凡画一物,只要能表现出像我们闭目回想时所见的一种神气,就是佳作了。所以西洋画像照相,中国画像符号。"针对以上内容,我们可基本总结出中国画和西洋画的区别:西洋画像照相,重写实,求形似,是用"手"在"描";中国画像符号,重写意,求神似,是用"心"在"画"。由此,我想到了课堂教学中的"结构图解"与"板书设计",二者不正如《竹影》中所论述的"西洋画"与"中国画"吗?

"结构图解"即根据行文思路以图(多用大括号)的形式将段意、层意条分缕析地罗列出来,以解析文章结构,这不正是在给课文"照相"吗?这与重写实、求形似的西洋画不也如出一辙吗?如《福楼拜家的星期天》一文。作者从旁观者的角度,先简单介绍了福楼拜简陋的单身宿舍，然后让来访客人依次登场，通过他们的肖像、语言、动作和心理来刻画他们的感人形象，最后再写福楼拜送客。据此，我们便可"描"出如下的结构图：

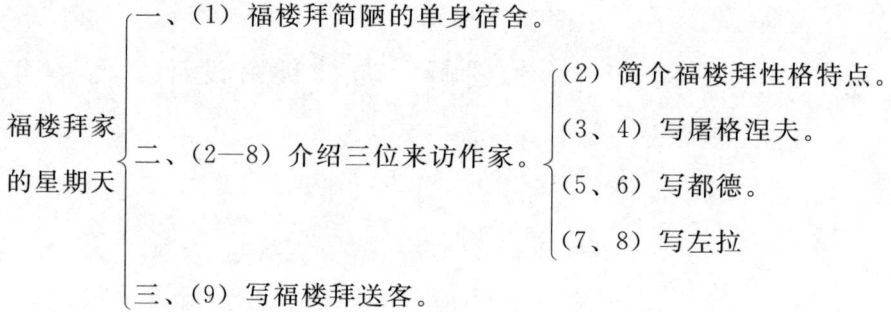

"结构图解"简明地再现了文章的行文思路，可谓提纲挈领，简明扼要，使读者一目了然，这简直就是给课文复制的"一幅照片"，一幅西洋画。

而"板书设计"就不同了。它是以"符号"的方式再现文章的主旨，正如中国画的"求神似、重写意"一样，这是需要用"心"去"画"的，故云"设计"。如此，我们便可将《福楼拜家的星期天》的板书设计为：

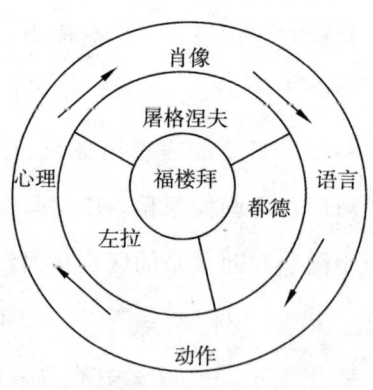

"高朋满座"图

此图既形象地诠释了文章的主要内容，即屠格涅夫、都德、左拉在星期天到福楼拜家集会畅谈的情形，又显示了文章在塑造人物形象时所采用的肖像、语言、动作、心理等描写手法，可谓一图既出，全文毕现，令人耳目一新，活脱脱一幅形神兼备的"中国画"，正如《竹影》所述：

"表现出像我们闭目回想时所见的一种神气"。

"结构图解"与"板书设计"之异同于此可见一斑，试再举两例。

《闻一多先生的说和做》记述了作为学者的闻一多和作为革命家的闻一多的说和做，凸显了闻一多先生的高尚人格，令人赞叹。其"结构图解"可列为：

闻一多先生的说和做 { 一、（1—7）学者闻一多：做了再说、做了不说
二、（8—20）革命家闻一多：说了就做、敢说敢做

思路清晰、简明扼要，宛如一幅"重写实"的西洋画。

而其板书则可设计为：

"做" ＞ "说" ＝ 做

"学者" ＋ "革命家"

↓

闻一多

以简明的"符号"再现全文内容，可谓一幅"重写意"的中国画。

再如《爸爸的花儿落了》一文。文章以"爸爸爱花"和"毕业典礼"两条线索行文，顺叙、插叙两种叙述方式交互运用，令人目不暇接，眼花缭乱。如列出其结构图，即：

爸爸的花儿落了 { 一、（1—12）由夹竹桃想起病床上的爸爸和爸爸对"我"的嘱托。
二、（13—30）回忆六年前爸爸逼"我"上学和给"我"送衣的往事。
三、（31—34）从爸爸的病情回想到爸爸爱花的往事。
四、（35—37）毕业典礼上"我"的复杂心情。
五、（38—53）回忆爸爸鼓励"我"去银行寄钱的往事。
六、（54—68）得到爸爸去世的噩耗，"我"突然成熟起来。

正像课文的一幅照片，"麻雀虽小，五脏俱全"。而其板书则可设计为：

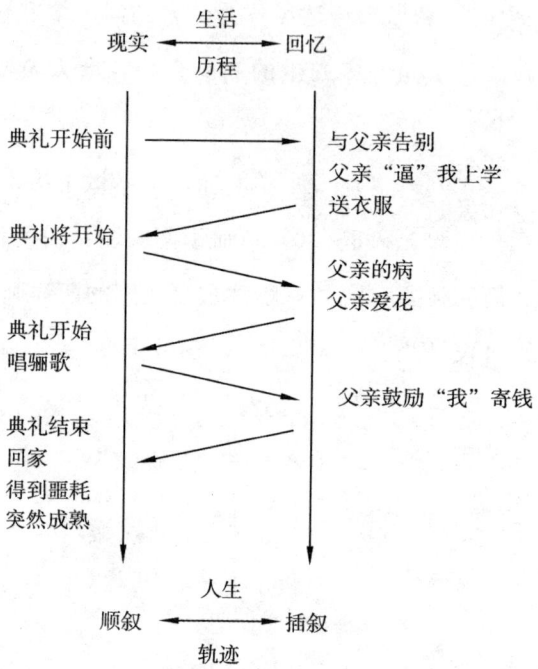

又一幅写意的中国画，形神兼备，令人遐想。

在语文教学过程中，我们既要像作西洋画那样"描"出课文的"结构图解"，又要像作中国画那样"画"出其"板书设计"，使二者既互为补充，又相得益彰，这样，我们的语文课堂就会如诗如画，美不胜收。

对"板书设计"的思考与探索

板书设计是教学工作的重要一环,一个具有简明、形象、概括和灵活的板书对学生学习兴趣的激发和培养有着不可忽视的作用,甚至可直接影响到教育教学效果。

但遗憾的是,在教学过程中,它并没有引起广大教师的充分注意,甚至在各种教学参考资料中也难觅"板书设计"的踪影。它们有的对此避而不谈,有的则以"结构图解"代之。在此须应指出的是,结构图解和板书设计属于两个不同的概念范畴,结构图解是以"图"的形式来"解说"文章的结构,或者说是用"结构图"的形式来体现文章的行文思路,在表现形式上,它只不过是段意、层意叠床架屋式的简单罗列。而板书设计就不同了,何为"板书设计"?板书设计重在"设计",而"设计"是一种有目的的创作行为,既是"创作行为",那就必须具有艺术性。就像对服装的设计一样,我们可称之为"服装设计",服装是用来穿戴的,其基本功能的是遮羞和保暖。而"服装设计"就不同了,其主要目的是追求美观和新颖。如此看,我们的"板书设计"也应具有两种功能:一是作为"板书",它应具有传授知识的功能,如前面提到的"结构图解"就只能是一种板书,它不包含"设计"的元素;二是作为"设计",它又是一门艺术,应具有审美的功能,应给人以"余音绕梁,三日不绝"之效。

"问渠那得清如许,为有源头活水来。"要培养学生浓厚的学习兴趣、取得良好的教学效果,就必须认真地研究和探讨真正意义上的板书设计,让板书设计真正成为教学艺术的有机组成部分。前苏联著名教育家加里宁说过:"教育事业不仅是科学事业,而且是艺术事业。"我们就是要让学生去发现这种美,去欣赏这种美,从而去追求这种美,去实现这种美,以塑造完美的自我。

那么,我们应怎样在板书中艺术地去"设计"这种"美"呢?要注意以下几个原则:

第一,要具有简明性。使学生一目了然。

如伊索寓言《蚊子和狮子》一文。这则寓言通过蚊子战胜了强大的狮子却最终又败给了蜘蛛的故事,讽刺了那些取得成绩就得意忘形、忽视自己短处的人。其板书设计为:

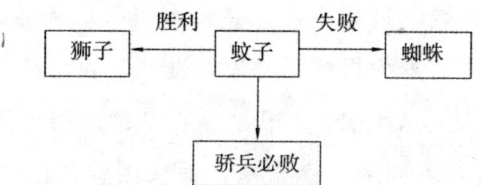

再如《老王》一文。文章通过回忆自己一家与车夫老王的交往,赞扬了老王的优秀品质,在表达自己对老王同情与尊重的同时,也表达了自己的愧疚之意,含蓄地提出了应关注社会不幸者的社会问题。其板书设计为:

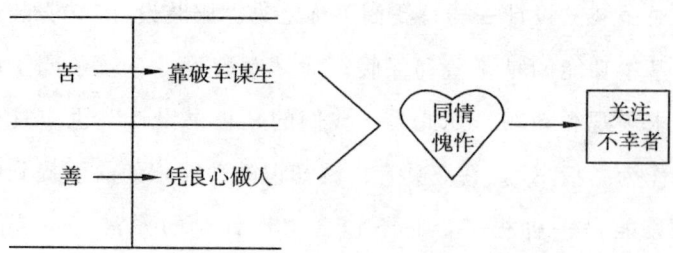

第二,要具有形象性。使学生直观地领会文章内容。

如莫顿·亨特的《走一步，再走一步》。

文章通过自己童年的一次"脱险"经历，告诉人们在人生道路上，艰难险阻并不可怕，大困难可以化整为零、化险为夷，走一步，再走一步，定能战胜一切困难。据此，我们便可将其板书设计为：

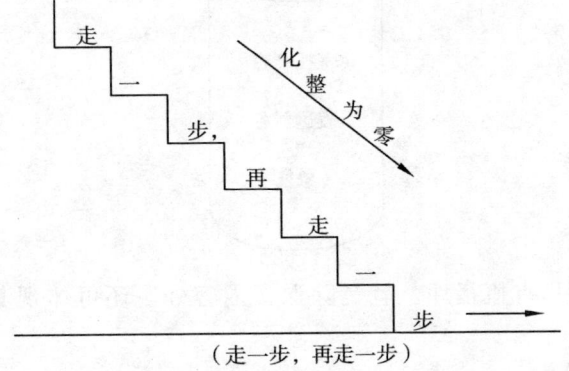

（走一步，再走一步）

再如《斑羚飞渡》一文。文章通过叙述一群斑羚陷入绝境时求生到自救的过程，赞扬了斑羚勇于牺牲、临危不乱、宁死不屈的精神，呼吁人类要与自然界其他动物和平共处。其板书设计为：

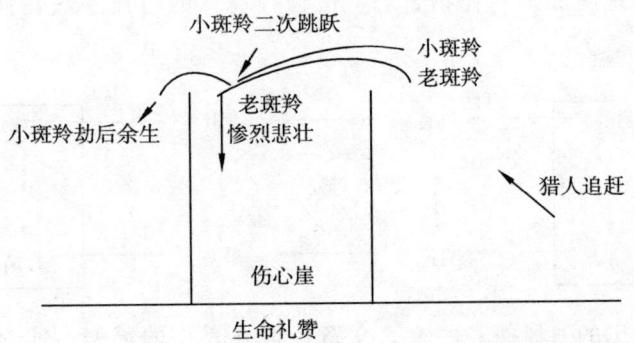

再如《蜡烛》一文。文章通过一位南斯拉夫母亲掩埋苏联红军战士尸体并为其点燃结婚喜烛的故事，热情歌颂了在"二战"期间反法西斯战线上用血肉凝结成的战斗情谊。其板书设计为：

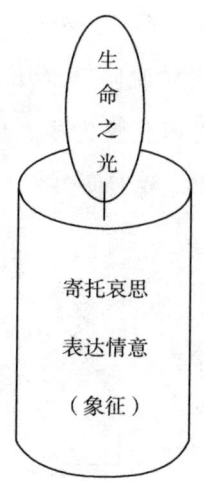

第三,要具有概括性。就是除课文内容外,还可体现其行文思路和写作手法等。

如冰心的《荷叶 母亲》一文。文章借雨天里勇敢慈怜的荷叶荫庇着红莲,书写心中的感触,歌颂伟大的母爱。板书中既体现了由"红莲—荷叶"的关系而联想到"自己—母亲"的行文思路,歌颂了母爱的伟大,同时又巧妙地附加了"托物言志,借物抒情"的写作手法,使板书完美如一。

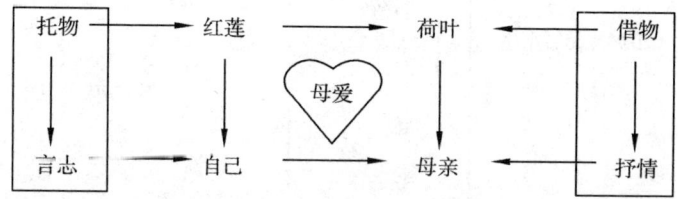

再如鲁迅的《风筝》一文。文章以饱含哀伤的笔调,回忆了自己童年时毁坏小兄弟自制的风筝一事,表达了作者深深的自责和忏悔之心,从而也告诉后人:游戏是儿童的天性,应当理解和保护。板书除体现"三个时间"、"围绕风筝的三件事"和"三种心情"等文章内容外,还巧妙地附加了本文"倒叙"的写作顺序,且板书本身就是一个"风筝"。

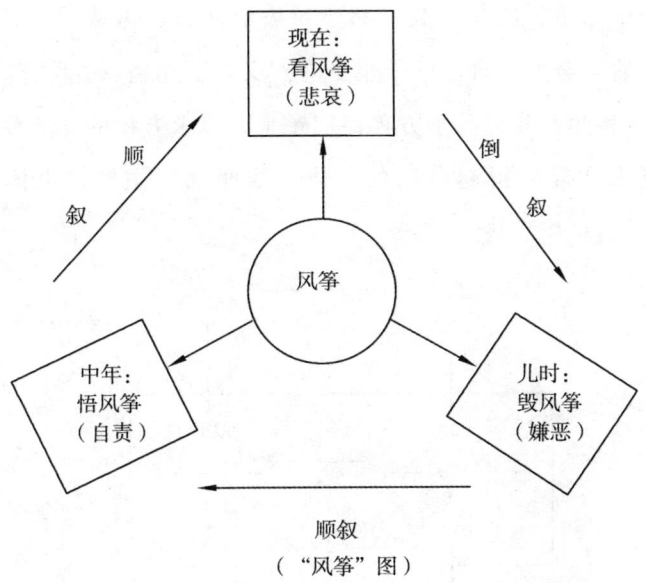

（"风筝"图）

再如《中国石拱桥》一文。文章以赵州桥和卢沟桥为例，具体介绍了我国桥梁事业所取得的成就，高度赞扬了我国劳动人民的智慧和力量。其板书设计包括文章以"时间顺序"提到的代表桥梁及叙述的详略，多种说明方法和说明的顺序，且板书样式为一"石拱桥"形：

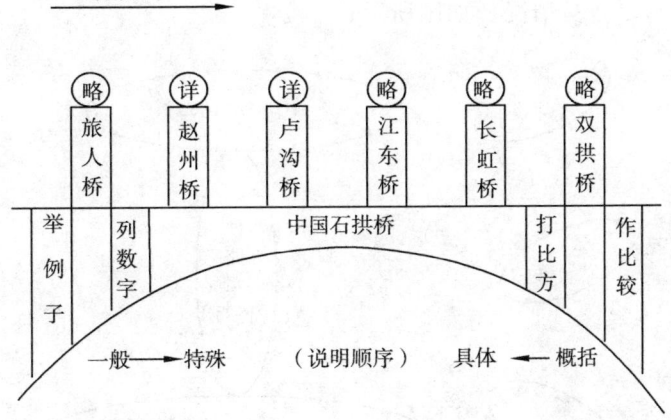

第四，要具有灵活性。意为只要板书需要，其他学科知识亦可入图，促进学科间的知识贯通，体现"大语文"教学观。

如小思的《蝉》一文。文章通过写小小的蝉表达了一个深刻的人生主题：不管生命短暂还是长久，都要积极地面对，热情投入，以乐观的态度应对生活，努力让自己的人生更有意义，更加精彩。"'蝉'犹如此，人何以堪！"为此，我把数学方程借用过来，以求方程的方式使学生思考人应当怎样做才能对得起自己的一生。既明确了主题，也体现了本文"以小见大"的写作手法。

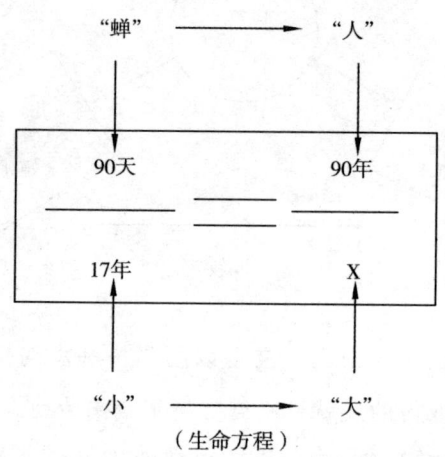

再如《人民解放军百万大军横渡长江》一文。文章是篇新闻，其板书设计为"江"字样，且其中包含新闻三要素、内容中的中、西、东三路军和详写、略写情况。如图所示：

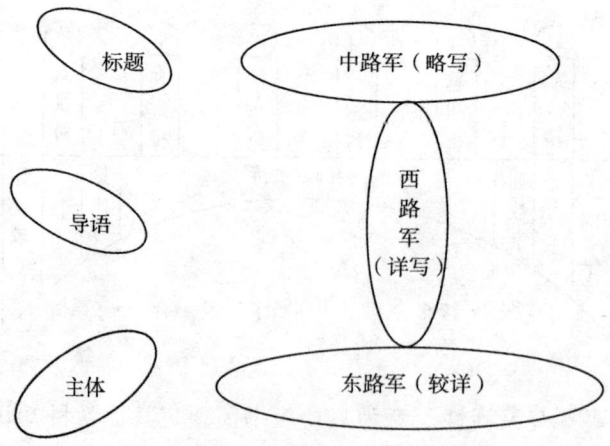

再如《我的母亲》一文。文章回忆了母亲对"我"的教育以及母亲

与家人的和睦相处，高度赞扬了母亲的高贵品质，深刻表达了对母亲的尊敬与怀念。故可将其板书设计为一"太阳"形状，意为周围人等皆可从"母亲"那里得到太阳般的温暖。

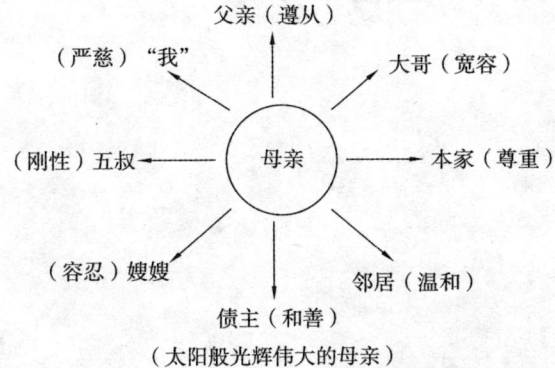

（太阳般光辉伟大的母亲）

总之，板书设计作为一门教学艺术，需要我们不断地摸索和研究。要力争每节课都为学生烹饪出一道精美的文化大餐，让学生在"美"的熏陶中去感受语文、学好语文。

《羚羊木雕》教学设计

【设计说明】

本文通过一件家庭小事，反映了家庭成员之间的思想矛盾。同时也告诉我们：在日常生活中，既要感悟到友情的可贵，又要学会与他人沟通。根据本课的目标任务与教学要求，通过分析归纳，我最终形成了用"一"、"二"、"三"、"四"来组织课堂教学的方案，让学生活动贯穿始终。其中"一"即"一个故事"，也就是文中记叙的一件家庭小事；"二"即两种观念，也就是父母和孩子的思想冲突；"三"即顺叙、插叙、倒叙等三种记叙顺序；"四"即文章采用语言、动作、心理、神态等四种刻画人物的手法。最后，又根据文章内容（"羊"）巧妙地把它们设计在"板书"中（见"板书设计"）。

导入新课

有句话说得好："同学，是没有血缘关系的亲人。"相信同学们对此都一定有或多或少的认识和体会。《论语·公冶长》也说："愿车马衣轻裘，与朋友共，蔽之而无憾。"说明了友谊的纯洁与珍贵。但是，当你和同学的友情不被家长理解和接受，甚至受到阻挠时，你又该如何呢？下面，就请我们带着对这一问题的思索走进我们的新课——《羚羊木雕》

的学习吧!

课文研讨

1. 复述一个故事

让学生复述课文,目的有二:整体感知课文及锻炼口头表达能力。

(指明一个同学复述,其他同学作补充。)

"我"把羚羊木雕送给了最要好的朋友万芳,父母发觉了,逼"我"去要回来。"我"被逼无奈,只得硬着头皮开口,让万芳把羚羊木雕还"我"。"我"对朋友这样反悔,伤心极了。

2. 明确两种观念

(学生讨论,归纳概括。)

"我"珍视同学友谊,把珍贵的羚羊木雕送给她,可谓重义轻财;父母珍视羚羊木雕,逼"我"向万芳索回,可谓重财轻义。矛盾由此而生。

讨论问题:

(小组讨论、交流。)

(1) 如何评价"我"的所作所为?

作为学生,会交流、有主见是值得肯定的。但毕竟年小幼稚,故凡事要和父母商量,不要自作主张、自以为是。

(2) 如何评价父母的所作所为?

作为父母,看重自家的,特别是比较珍贵的财物是可以理解的,但事情既已发生,也要考虑孩子的感受,应采取双方都能接受的方式,使问题得以圆满解决。事后再对孩子晓之以理,动之以情,使之明白遇事应怎么处理。

(3) 在现实生活中,怎样才能更好地做到与家人、与社会的和谐相处?

在生活中,遇事要全面考虑,多与人沟通,多为别人着想,尽量避免不愉快的事情发生。

3. 掌握三种顺序

（引领学生温故知新，鼓励学生积极主动发言。）

顺叙：即按照事情发展的先后顺序进行叙述，这是记叙文中最常用的叙述方式。

插叙：指在叙述中心事件的过程中，为了帮助展开情节或刻画人物，暂时中断叙述的线索，插入与主要情节相关的回忆或故事的叙述方法。课文在叙述这场家庭纠纷时插叙了"我"和万芳的友谊，这样写是对故事情节的必要补充，而且使故事情节曲折生动、引人入胜。

倒叙：就是把事情的结果或发展过程中的某一环节提前叙述，然后再用顺叙的方式从头叙述事件的整个过程。这种叙述方式能够造成悬念，使所叙事件更显得曲折动人。其结构形式一般为"现在——过去——现在"。如鲁迅的《风筝》一文。

4. 学习四种写法

（让学生从文中找出文章通过人物的语言、动作、心理、神态来刻画人物的具体句子。同桌讨论、交流。）

5. 小结

古语云："万两黄金容易得，知心一个也难求。"读罢此文，让我们对友谊有了更深刻的理解：友谊是心灵的沟通、情感的交流。我国最早的诗歌总集《诗经》中也有"投我以木瓜，报之以琼琚"之说。让我们珍惜纯洁的友情，用心去呵护它，用行动去维护它吧。

布置作业

在网上搜寻有关"友谊"的名言和故事，与同学们交流。

板书设计

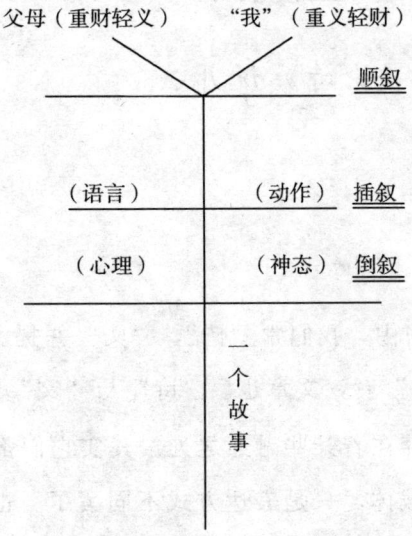

（刊于《聊城日报·教育周刊》1998年2月5日第4期）

以文解诗,意趣盎然

——由赵翼《论诗》说开去

  在语文学习中,我们常"诗"、"文"并提。"诗"者,诗歌也;"文"者,文章也。"诗"与"文"既能相提而并论,就说明二者之间必然存在着某些融通之处。其实它们都是作者对外展示自己内心世界的一个载体,只是表达方式不同罢了。也就是说,我们在叙述事情、表达情感、阐述道理时,既可以吟诗,也可以为文。既如此,以文解诗也就无不可了。

  清人赵翼的《论诗》是论述自己对诗歌创作的见解和主张的,诗题就散发出浓郁的议论文气息:"论"者,谈论、论述也,"论诗"即是对诗歌创作的论述。以此即可确立本诗的议论基调,因此,我们不妨从议论文的角度解读之。

  既为议论文,当需具备议论文三要素:论点、论据、论证。那么这首诗是针对什么问题,提出了什么观点,又是怎样进行论述的呢?请先看文章的写作背景。

  赵翼(1727~1814)清代诗人、史学家。他反对当时社会上流行的明代前、后七子"诗必称古"、厚古薄今的复古倾向,也不满王士祯、沈德潜的"神韵说"与"格调说"。他说:"力欲争上游,性灵乃其要。"(《闲居读书作六首》之五)其所著《瓯北诗话》,系统地评论李白、杜甫、韩愈、白居易、苏轼、陆游、元好问、高启、吴伟业、查慎行等十家诗，重视诗家的创新。本诗前两句（"李杜诗篇万口传，至今已觉不新鲜"）即从评论唐代大诗人李白、杜甫的诗入手，说明即使是曾为万口传诵、"光焰万丈长"（韩愈《调张籍》）的李杜诗篇随着时代的发展，也不能给人以新鲜感了。当然，这不是对李杜诗篇伟大成就的贬损，而是从读者审美感受的角度出发，提出随着历史的发展，人们需要欣赏全新的作品，以顺应时代潮流。至此，作者观点已初露端倪。如放在议论文中，此当属文章的引论部分，或称提出问题部分。

诗的后两句（"江山代有才人出，各领风骚数百年"）则以历史发展的眼光，提出各个时代都有其标领风骚的人物，他们各自的影响也不过几百年而已。作者认为，诗歌应随着时代不断发展，诗人在创作上应求变创新，而不要刻意模仿，跟在古人后面亦步亦趋。的确，纵观我国诗歌几千年的发展史，作者的这一观点无疑是正确的。至今，散见于《易经》、《山海经》的一些远古歌谣仍保留着时代的烙印，反映出渔猎时代劳动人民的生活。春秋时期则出现了标志我国诗歌辉煌成就的第一部诗歌总集——《诗经》，这是我国诗歌的第一个发展高峰，并开创了我国诗歌创作的现实主义源头。战国后期，楚地又产生了一种新诗体——楚辞，即楚地的歌词，具有浓厚的地方色彩。他的奠基者和代表作家，是楚国伟大诗人屈原，稍后便是宋玉。到了汉代，又出现了乐府所搜集到的一些民歌，并被后人称为"乐府诗"或"汉乐府"，它就像汉代社会生活的一面镜子，多方面地反映了广阔的社会现实，暴露了社会的黑暗，写出了广大劳动人民在残酷的封建压迫下的不幸命运。"汉乐府"是继《诗经》、楚辞之后我国诗歌的第三个发展高峰。唐代更是开创了我国诗歌发展的新纪元，诗歌创作空前繁荣。它首先表现在数量上，仅据清代康熙年间《全唐诗》所录，就有诗人2200余人，作品48900余首，共900卷。从质量上看，唐诗的思想性和艺术性均取得很大的成就，超过了中国历史上任何一个朝代，并出现了一大批优秀诗人，从而使唐代成为中国古典诗歌的全盛时期。至宋则出现了一种新诗体——词，或称"诗余"、"长短句"。涌现出苏轼、辛弃疾、李清照、柳永、姜夔等一大批词人。元代则是散曲的勃兴时期,关汉卿、马致远、王实甫、白朴等散曲作家更是在曲坛一展风采……由此看,我国诗歌由远古劳动歌谣开端,经历《诗经》、楚辞、唐诗,再到后来的宋词、元曲,在此诗歌历史长河中,既有看不完旖旎风景,又有数不尽的风流人物。一言以蔽之,那就是"江山代有才人出,各领风骚数百年。"此在议论文中,当属文章的本论部分,或称分析问题部分。在论述过程中,作者采用了摆事实的论证方法。作者的观点也不言自明了:各个历史时期都会出现杰出的诗人,创作出具有时代特色的作品。至此,所论述的问题得以圆满解决。

  如此看来,本诗引论("李杜诗篇万口传,至今已觉不新鲜")、本论("江山代有才人出,各领风骚数百年")、结论(各个历史时期都会出现杰出的诗人,创作出具有时代特色的作品)俱备,论点(各个历史时期都会出现杰出的诗人,创作出具有时代特色的作品)、论据("江山代有才人出,各领风骚数百年")、论证(摆事实)俱全,本诗岂不就是一篇完美的议论文?倘以此解诗,又岂不意趣盎然!

第四章

指点迷津

——一个经年教育者的教学心得

快板诗

——巧记诗人诗作

中华诗作浩如烟海，诗人骚客也多如繁星，因此不少同学在学习过程中，常出现将诗人诗作张冠李戴的现象。为使同学方便记忆，现将初中必背诗作按年代先后以快板诗形式整理如下，以供参考。

杜少府，任蜀州，子安赋诗送宦游。（王勃《送杜少府之任蜀州》）

孟浩然，望洞庭，得诗一首赠张丞，
求荐入仕辅明圣。（孟浩然《望洞庭湖赠张丞相》）

王摩诘，至塞上，去把疆场将士来颂扬。（王维《使至塞上》）

武判官，归京城，岑参心翻五味瓶。（岑参《白雪歌送武判官归京》）

再可叹，李青莲，远渡荆门出乡关。（李白《渡荆门送别》）
哀叹人世行路难，（《行路难》）
写诗遥寄昌龄迁，（《闻王昌龄左迁龙标遥有此寄》）
又与叔云谢楼饯。（《宣州谢朓楼饯别校书叔云》）

思乡切，是王湾，北固山下还把故乡恋。（王湾《次北固山下》）

崔颢登上黄鹤楼，日暮乡关使人愁。（崔颢《黄鹤楼》）

杜子美，把岳望，热爱河山又向上。（杜甫《望岳》）

至晚年，性忧伤，忧国思乡写《春望》。（《春望》）

茅屋破，秋风急，安得广厦避寒士？（《茅屋为秋风所破歌》）

破山寺，后禅院，常建一游情趣现。（常建《题破山寺后禅院》）

韩昌黎，迁八千，祖孙相见蓝田关。（韩愈《左迁至蓝关示侄孙湘》）

刘禹锡，写《秋词》，一反常调赞秋日。（刘禹锡《秋词》）

扬州初逢白乐天，即席赠诗换新颜。（《酬乐天扬州初逢席上见赠》）

白乐天，性悯怜，"刈麦"一观性情现。（白居易《观刈麦》）

乐天春游钱塘湖，浅草没马行不足。（《钱塘湖春行》）

李长吉，行雁门，提携玉龙报君恩。（李贺《雁门太守行》）

杜牧之，游赤壁，笔锋一转翻新意。（杜牧《赤壁》）

牧之夜泊秦淮滩，隔江来把商女怨。（《泊秦淮》）

李义山，性缠绵，夜雨寄北把君恋。（李商隐《夜雨寄北》）

写《无题》，书别离，难分难舍相思忆。（《无题》）

半山登上飞来峰，心胸豪迈显神情。（王安石《登飞来峰》）

放翁游访山西村，淳朴民风心中存。（陆游《游山西村》）

文山败走零丁洋，留取丹心照四方。（文天祥《过零丁洋》）

完淳之行意如钢，云间一别多悲壮！（夏完淳《别云间》）

赵翼论诗意新颖，文坛诗坛开新风。（赵翼《论诗》）

龚自珍，意不畅，己亥之年写华章。

人微言轻仍忧国，春泥护花美名扬。（龚自珍《己亥杂诗》）

（刊于《第二课堂》2009年9月期）

如何强调句中成分

在日常交谈中，为强调某一内容，我们可通过加强语气的方式以突出其重要性，那么，在书面语中又当如何呢？我们可采用以下三种方法：

一、标点法

如果强调的是句子的主语，则可在主语之后添加一逗号，以示强调。

如："他是我厂唯一获此殊荣的人。"如强调句子主语"他"，则可在"他"之后加一逗号，从而改为："他，是我厂唯一获此殊荣的人。"

二、倒装法

如果强调的是句子的其他成分（谓语、宾语、定语、状语等），则可把句子倒装，以示强调。

1. 如果强调谓语，则把谓语提前

如："这场雪真大啊！——真大啊，这场雪！"

这和古汉语中的主谓倒装是同一个道理。如《论语·雍也》："贤者，回也。"就是为了强调颜回之贤而把"贤者"提前的，也就是说，它的正常语序应为："回者，贤也。"

2. 如果强调宾语，同样可把宾语提前

如："无边无际的黑暗吞没了一切。"→"一切都被无边无际的黑暗吞没了。"

在古汉语中，这种情况也非常普遍。如《曹刿论战》："何以战？"

"何以战"即"以何战",为强调所凭借的作战条件"何"(宾语)而将其提前。这是在古汉语疑问句中为强调作宾语的疑问代词而将其前置的一种常见类型。再如范仲淹《岳阳楼记》:"吾谁与归?""谁与归"即"与谁归";而彭端叔《为学》:"子何恃而往?""何恃而往"即"恃何而往"。另外,我们常说的"唯(惟)……是……""唯(惟)……之……"结构也是为强调宾语行为的单一性而将其前置的一种常见类型。如"唯才是举"就是"唯举才","唯利是图"就是"唯图利",而《答李翊书》"惟陈言之务去"则是"惟务去陈言",等等。

3. 如果强调定语,则把定语后置作补语

如:"他的腋下夹着一本(红红的、精装的)书。"→"他的腋下夹着一本书,〈红红的、精装的〉。"

古汉语中的定语后置有时也是为了强调定语而把它放在了中心词的后面。如《列子·愚公移山》:"遂率子孙〈荷担者〉三夫。"其一般语序应为"(荷担者)子孙"。再如《史记·陈涉世家》:"比至陈,车〈六七百乘〉,骑〈千余〉,卒〈数万人〉。"其一般语序应为"(六七百乘)车,(千余)骑,(数万)卒"。

4. 如果强调状语,也要把状语后置,作补语

如"他〔用自己的血〕,替中国人民铺好了道路。"→"他替中国人民铺好了道路,〈用自己的血〉。"

但古汉语中的状语后置多是一种习惯用法,不是为了突出强调。

三、标点、倒装、反复综合运用法

如非主谓句:"是不可能有粥菜的。"要强调句中"粥菜",我们则可把它改为:"粥菜?这是不可能有的。"加一设问,引起波澜,再用"这"复指,表明"粥菜"乃非分之想。再如非主谓句:"衰弱到不能走路还是工作。"要强调句中"工作",我们则可把它改为:"工作,工作,衰弱到不能走路还是工作。"用倒装且反复的方式说明"工作"是无休无止的。

(刊于《语文报》2010年5月3日第18期)

如何做语句扩展题

语句扩展题是语文试题中一种常见的试题类型，它对于提高学生的语言运用能力和逻辑思维能力都具有重要意义。但不少同学面对这种题目常常茫然不知所措，致使答题效果不理想。其实，只要仔细分析其扩展要求，其答题要领还是不难把握的。现结合题目具体分析如下。

例1. 扩展下面的句子，使其生动、形象，不少于20字。

海燕飞翔。

分析：所谓生动、形象，就是要表述生动，表达具体，有活力，能感人。而在句子中能起到这种作用的恰恰是句子的枝叶成分，即句子的定语、状语和补语。所以，可以说，凡要求把句子扩展得生动、形象的题目，学生只要补充上句子的修饰成分就可以了。当然，也可恰当地使用一些修辞手法。如此，我们即可把原句扩展为：

（那）（高傲的）海燕，〔勇敢地〕、〔自由自在地〕、〔在泛起白沫的大海上〕飞翔。

例2. 扩展下面的句子，使其更精确、更明白，不超过45个字。

长江是第三大河流。

分析：这类题目一般都以有明确概况的事物为陈述对象，学生只要说明其概况，句子也就精确、明白了。如对于山脉，我们可说明其地理位置、海拔高度、自然景观等；对于河流，我们可说明其发源地、流程长短、流经区域、水量状况等。而对于其他人物、事物等，我们则可根据其自身特点进行扩展。如此，我们即可把原句扩展为：

发源于青藏高原唐古拉山，全长 6300 多公里的长江，是世界上第三大河流。

例 3. 把下面这句话扩展得形象些，读起来有一种韵律感。

这翅膀，象征着机遇、速度和未来。

分析：对于本题目要求的"形象"问题，在例 1 中已进行了分析。那么，什么样的句子读起来有韵律感呢？当然是那些排比句、对偶句和对比句，它们一般都具有内容相关、结构相同、字数相等等特点，所以读起来也便朗朗上口、富有韵律了。如此，我们即可把原句扩展为：

这面对苍穹张开的翅膀，象征着机遇，象征着速度，象征着未来。

（刊于《山东教育报·中学生》2010 年 7—8 月合刊）

古汉语"异读"现象概说

"异读"是古汉语中一种常见的语言现象,了解并掌握一定的异读规律对学习文言文无疑是很有帮助的。下面就从以下几个方面对初中文言文中出现的异读情况作一简单归纳。

一、由用字通假产生的异读,通假字一定读其本字的读音

如:

1. "食"同"饲",给……吃,喂养,饲养。读 sì。

① "谨食之,时而献焉。"(柳宗元《捕蛇者说》)

② "食马者不知其能千里而食也。"(韩愈《马说》)

2. "学而时习之,不亦说乎?"(孔子《论语》)

"说"同"悦",高兴,愉快。读 yuè。

3. "扁鹊望桓侯而还走。"(韩非子《扁鹊见蔡桓公》)

"还"同"旋",旋转,掉转。读 xuán。

4. "疾在腠理,汤熨之所及也。"(韩非子《扁鹊见蔡桓公》)

"汤"同"烫",用热水焐。读 tàng。

5. "便要还家,设酒杀鸡做食。"(陶渊明《桃花源记》)

"要"同"邀",邀请。读 yāo。

6. "见"同"现",表现,显现。读 xiàn。

① "食不饱,力不足,才美不外见。"(韩愈《马说》)

②"风吹草低见牛羊。"(北朝民歌《敕勒川》)

7."其真无马邪？其真不知马也！"(韩愈《马说》)

"邪"同"耶"，相当于"呢"。读 yé。

8."亡"同"无"，没有。读 wú。

①"河曲智叟亡以应。"(列御寇《愚公移山》)

②"夫子积学，当日知其所亡，以就懿德。"(班超《乐羊子妻》)

9."入则无法家拂士，出则无敌国外患者，国恒亡。"(孟轲《孟子》二章)

"拂"同"弼"，辅佐。读 bì。

10."属余作文以记之。"(范仲淹《岳阳楼记》)

"属"同"嘱"，嘱托，嘱咐。读 zhǔ。

11."小惠未扁，民弗从也。"(左丘明《曹刿论战》)

"扁"同"遍"，普遍，遍及。读 biàn。

12."为天下唱，宜多应者。"(司马迁《陈涉世家》)

"唱"同"倡"，倡导。读 chāng。

13."被"同"披"，穿。读 pī。

①"将军身被坚执锐，伐无道，诛暴秦，功宜为王。"(司马迁《陈涉世家》)

②"同舍生皆被绮绣，戴朱缨宝饰之帽。"(宋濂《送东阳马生序》)

14."尔来二十有一年矣。"(诸葛亮《出师表》)

"有"同"又"，用在整数和零数之间。读 yòu。

15."在肠胃，火齐之所及也。"(韩非子《扁鹊见蔡桓公》)

"齐"同"剂"，药剂。读 jì。

16."孰谓汝多知乎？"(《论语》)

"知"同"智"，智慧，明智。读 zhì。

二、因词性、词义发生变化而产生的异读，按词义读

如：

1."好",作动词,爱好,喜好,喜欢。读hào。

①"敏而好学,不耻下问。"(《论语》)

②"余幼好书,家贫难致。"(宋濂《黄生借书说》)

③"医之好治不病以为功。"(韩非子《扁鹊见蔡桓公》)

④"黔无驴,有好事者船载以入。"(柳宗元《黔之驴》)

2."骑":

①"翩翩两骑来是谁?黄衣使者白衫儿。"(白居易《卖炭翁》)"骑",一人一马为一骑。读jì。

②"东方千余骑,夫婿居上头。"(北朝民歌)意义、读音同上。

③"车六七百乘,骑千余,卒数万人。"(司马迁《陈涉世家》)"乘",量词,古代一车四马为一乘。读shèng;"骑",骑兵。读jì。

④"不闻爷娘唤女声,但闻燕山胡骑鸣啾啾。"(北朝民歌《木兰诗》)"骑",战马。读jì。

3."少时,一狼径去,其一犬坐于前。"(蒲松龄《狼》)

"少",一会儿,表示时间短。读shǎo。

4."间":

①"中间力拉崩倒之声。"(林嗣环《口技》)"间",夹杂。读jiàn。

②"肉食者谋之,又何间焉。"(左丘明《曹刿论战》)"间",参与。读jiàn。

③"又间令吴广之次所旁丛祠中。"(司马迁《陈涉世家》)"间",暗暗地,暗地里。读jiàn。

④"彼节者有间,而刀刃者无厚。"(庄子《庖丁解牛》)"间",缝隙,空隙。读jiàn。

5."爷娘闻女来,出郭相扶将。"(北朝民歌《木兰诗》)

"将",扶,持。读jiāng。

6."其印为余群从所得。"(沈括《活版》)

"从"，比自己小的，次于最亲的。读 zòng。

7．"大楚兴，陈胜王。"（司马迁《陈涉世家》）

"王"，称王。读 wàng。

8．"陟罚臧否，不宜异同。"（诸葛亮《出师表》）

"否"，恶，坏。读 pǐ。

9．"是以先帝简拔以遗陛下。"（诸葛亮《出师表》）

"遗"，给予，留给。读 wèi。

10．"然得而腊之以为饵。"（柳宗元《捕蛇者说》）

"腊"，把肉晾干。读 xī。

11．"胜"：

① "高处不胜寒。"（苏轼《水调歌头·明月几时有》）"胜"，承受，忍受。读 shēng。

② "臣不胜受恩感激。"（诸葛亮《出师表》）"胜"，尽，完。读 shēng。

三、某些专有名词仍按其古音去读

1．古人名。如："傅说举于版筑之间。"（孟轲《孟子》二章）

"说"，用于人名。读 yuè。

2．古地名。如：

① "吴广者，阳夏人也，字叔。"（司马迁《陈涉世家》）

"夏"，用于地名。读 jiǎ。

② "燕地寒，花朝节后，余寒犹厉。"（袁宏道《满井游记》）

"燕"，古燕国所在的地区。读 yān。

3．古代少数民族对君主的称号。如："昨夜见军帖，可汗大点兵。"（北朝民歌《木兰诗》）

"可汗"，古代西北少数民族对君主的称号。读 kè hán。

4．古度量衡。如："是马也，一食或尽粟一石。"（韩愈《马说》）

"石",十斗为一石。读 dàn。

总之,古汉语异读虽包括诸多类型,但只要认真分析,反复训练,还是不难掌握的。

(刊于《中学生读写》2010年第3期)

"的"、"地"、"得"的用法

同 属于结构助词是"的"、"地"、"得"三字的相同点,因此有不少同学在使用过程中常将三字混淆。为方便同学区别于记忆,现分析如下:

"的":"的"表示前后词语有修饰与被修饰关系,被修饰的部分主要是名词,也有动词与形容词,其主要结构形式有:

1. 动词+"的"+名词。如:表达的意思、阐述的道理、暴露的问题等。

2. 形容词+"的"+名词。如:幸福的生活、光明的前途、美好的未来等。

3. 代词+"的"+名词。如:我的书包、你的自行车、他的钢笔等。

4. 名词+"的"+动词。如:老师的表扬、群众的支持、大家的信任等。

5. 名词+"的"+形容词。如:位置的优越、友谊的珍贵、房子的高大等。

另外,在"的"字短语中都用"的"。如:新来的、姓张的、大家的等。

"地":"地"也表明前后词语有修饰与被修饰关系,被修饰的部分主要是动词与形容词,其主要结构形式有:

1. 形容词＋"地"＋动词。如:合理地安排、愉快地劳动、轻松地学习等。

2. 副词＋"地"＋形容词。如:格外地亲切、渐渐地冷了、相当地正确等。

"得":"得"表示前后词语有补充说明与被补充说明的关系,被补充说明的部分主要是动词与形容词,其主要结构形式有:

1. 动词＋"得"＋形容词。如:讲得清楚、写得认真、说得明白等。

2. 形容词＋"得"＋副词。如:热得很、好得很、大得很等。

正确区别"的"、"地"、"得"三字的不同用法不仅能使我们正确地选择运用,而且还能帮助我们很好地区别相应短语的结构类型。

一般情况下,"……的……"结构形式的短语是"定语＋中心词"关系的偏正短语,"……地……"结构形式的短语是"状语＋中心词"关系的偏正短语,而"……得……"结构形式的短语则是"动词＋补语"或"形容词＋补语"关系的述补短语。

（刊于《第二课堂》2010年第5期）

又见"征稿启示"

2009年1—2期《快乐作文》封三有一则题为《征稿启示》的"征稿启事"。很显然，在这里，编者是因混淆了"启示"与"启事"的区别而导致误用的。

1994年版《现代汉语词典》（商务印书馆出版）对"启示"与"启事"是这样定义的："启示：启发指示，使有所领悟。"并举例说："这本书～我们应该怎样度过自己的一生。"而"启事"则是"为了说明某事而登在报刊上或贴在墙壁上的文字。"如"征稿启事"。另外，1997年修订的《古汉语常用字字典》（商务印书馆出版）中"启"字的第⑤义项为"陈述"意，"事"即"事情"。"启事"即"陈述事情"。与《现代汉语词典》中所释"启事"意义相同，故篇首所举事例为误用。

无独有偶，《中学生作文》（山东茅盾研究会主办 语文教学出版社出版）封四的"征稿启事"一年来也一直以《〈中学生作文〉征稿启示》的面目出现，尚需读者辨正。

作文写作"三部曲"

作文题目出来之后，不少同学总觉得脑海空空，不知如何下手。这时，你如能走好以下几步，问题便迎刃而解了。

第一步，列提纲。

古人云："运筹帷幄，决胜千里。"作战如是，作文亦然。列提纲，是作文过程的重要一环。

要列出一个切实可行的作文提纲，要注意以下三个方面：一、要正确把握文章主旨。提纲是主旨的体现和具体化，同时又确定了文章的选材内容。列好了提纲，就避免了在行文中不着边际地泛泛而谈。二、要体现全文的结构脉络。文章结构安排得是否合理、精巧，在很大程度上取决于你列的作文提纲是否匠心独运、别出心裁。三、要有利于行文。就是要使文章内容衔接紧密，文气贯通，而不要人为地为文章结构设置障碍，以致在行文时难以逾越，造成文章结构的支离破碎。

第二步，写初稿。

初稿又是提纲的具体化，同时也是文章的雏形。初稿写得如何，在很大程度上决定着文章的成败。

要写好初稿，也要注意以下三个方面的问题：一、每段要盘算好再动笔。我们所列的结构提纲，虽然已确定了文章内容，但要把这一内容准确地表达出来，还要在语言表达上下番功夫。先说什么，再说什么，尽量做到表达明白，条理清晰。二、段落之间要注意文脉贯通。文章内容是通过各段的有机组合来体现的，所以，各段之间自然要注意起承转合，前呼后应，这样才能使全文形成一个有机的整体。三、初稿要一气呵成。鲁迅先生曾说，那种"一步九回头"的作文法是很不可取的。所以在写作初稿的过程中，不要让一词一句的推敲成为你写作道路上的拦路虎、绊脚石，而要乘势而下，一气呵成。至于对语言的修改和加工，那是初稿之后的事。

第三步，加工、润色。

古人讲："善做不如善改。"今天也有"文章不厌百回改"的说法。可以说，世间的锦绣文章都不是一蹴而就的，它们都体现着作者的雕琢和斧凿，浸润着作者的付出和汗水。

修改文章时，要注意以下两个方面：一、要着重改好文章内容。看主旨是否明确，材料是否充分，写作意图是否清楚。二、改好表现形式。看段落是否完整和衔接得当、语句是否流畅、用词是否贴切、标点是否正确等。

总之，在写作过程中，如能走好以上三步，那么，做起文章来就得心应手了。

（刊于《快乐作文》2009年1—2期）

从谈话中学作文

俗话说:"话怎么说,文章就怎么写。"这就道出了"说"和"写"的密切关系。所以,留心并注意学习别人的谈话,对提高自己的写作水平无疑是很有帮助的。为此,需注意以下三个方面。

第一,理清谈话者的谈话思路,安排好文章的结构。

口头表达能力较强的人,在说明某个具体问题之前,思路就早已在脑海中形成了。先说什么,再说什么,怎样开头,怎样结尾,怎么过渡,怎么照应……他都会安排得有条不紊,而他事先安排好的这个谈话思路,就好比是你在写作前所构思的文章的结构。据此,你就可以写出不同结构形式的记叙文、议论文或说明文。所以可以说,理清谈话者的谈话思路是安排好文章结构的前提。

第二,留心观察谈话者的动作、情态,写活作品中的人物。

任何一个出色的谈话者,都善于以形象的动作、丰富的情态来打动和感染听众,那么,作为听众的我们,如能真切细致地"捕捉"住他那些言谈举止,而后熟记于心,行之于文,也就会使你作品中的人物呼之欲出,跃然纸上。

第三，牢记谈话者的生动词句，写出文章的活力。

谈话之所以能取得成功，除谈话者的思路清晰、描绘形象之外，还不时穿插一些生动的词句，以增强谈话的趣味性和感染力。或是一个个动词的恰当运用，或是一个个形容词绘声绘色的描绘，都能让人耳目一新，欲罢不能。如行之于文，则会有余音绕梁之效。

（刊于《聊城日报·教育周刊》1998年3月5日第8期）

中编　教学展示

含英咀华——阅读分析与点拨

校场演练——习题设计

第五章

含英咀华

——阅读分析与点拨

文言文

《关羽温酒斩华雄》赏析

【导语】

东汉末年,天下大乱,群雄蜂起。刘备、关羽、张飞桃园结义,大破黄巾军。时值董卓专权,祸乱朝廷。曹操发矫诏大会诸侯,讨伐董卓,刘关张亦随北平太守公孙瓒前往讨贼。盟军推举袁绍为盟主,以长沙太守孙坚为先锋,率军杀奔汜水关,不料为卓将关西人华雄所败,孙坚星夜遣人报知袁绍……

【片段】

忽探子来报:"华雄引铁骑下关,用长竿挑着孙太守赤帻①,来寨前大骂搦战②。"绍曰:"谁敢去战?"袁术背后转出骁将俞涉,曰:"小将愿往。"绍喜,便着俞涉出马。即时报来:"俞涉与华雄战不三合,被华雄斩了。"众大惊。太守韩馥曰:"吾有上将潘凤,可斩华雄。"绍急令出战。潘凤手提大斧上马。去不多时,飞马来报:"潘凤又被华雄斩了。"众皆失色。绍曰:"可惜吾上将颜良、文丑未至,得一人在此,何惧华雄?"言未毕,阶下一人大呼出曰:"小将愿往斩华雄头,献于帐下!"众视之，见其人身长九尺，髯长二尺，丹凤眼，卧蚕眉，面如重枣，声如巨钟，立于帐前。绍问何人。公孙瓒曰："此刘玄德之弟关羽也。"绍问："见居何职？"瓒曰："跟随刘玄德充马弓手。"帐上袁术大喝曰："汝欺吾众诸侯无大将耶？量一弓手，安敢乱言！与我打出！"曹操急止之曰："公路息怒。此人既出大言，必有勇略。试教出马，如其不胜，责之未迟。"袁绍曰："使一弓手出战，必被华雄所笑。"操曰："此人仪表不俗，华雄安③知他是弓手？"关公曰："如不胜，请斩某头。"操教酾热④酒一杯，与关公饮了上马。关公曰："酒且斟⑤下，某去便来。"出帐提刀，飞身上马。众诸侯听得关外鼓声大震，喊声大举，如天摧地塌、岳撼山崩，众皆失惊。正欲探听，鸾铃响，马到中军。云长提华雄之头，掷于地上。其酒尚温。

（选自《三国演义》第五回：发矫诏诸镇应曹公 破关兵三英战吕布）

【注释】

①帻：头巾。②搦战：挑战（多见于早期白话）。③安：怎么。④酾热：即筛热，使酒热。⑤斟：往杯子或碗里倒（酒、茶）。

【赏析】

关羽温酒斩华雄，历来为人称道。欲说关羽神威，却道华雄威武，他败孙坚、杀俞涉、斩潘凤，威震盟军。在层层蓄势之后，作者才让关羽出场，温酒斩华雄，一展神威，其烘云托月之法，令人赞叹！且关羽出场亦采用"未见其人，先闻其声"的手法，关羽语惊四座，壮写关羽成竹在胸的大将风度，然后再从正面描写关羽的神威相貌，使读者如闻其声、如见其人，从而留下深刻的印象。而文末的"其酒尚温"则更是神来之笔，不仅写出了"斩华雄"之神速，且为后人留下了亘古流传的千古佳话。除此之外，围绕关羽，作者还描写了盟军众生相：有自视高大、目中无人的袁术，有只重出身、死要面子的袁绍，还有不计贵贱、惜才爱将的曹操……区区五百字，虽洋洋万言不及也，学习刻画人物，观此当止矣！

【人物】

关羽（160~219年），约生于东汉桓帝年间，字云长，本字长生，河东解县人（今山西运城市）。三国时期蜀汉著名将领，一生随刘备南征北战，与诸葛亮、张飞等辅佐刘备建立蜀汉政权，位居五虎上将之首。死后受民间推崇，又经历代朝廷褒封，被人奉为关圣帝君，佛教称为伽蓝菩萨。被后来的统治者崇为"武圣"，与号为"文圣"的孔子齐名。

关羽的故事有：温酒斩华雄、千里走单骑、过五关斩六将、挂印封金、华容道义释曹操、单刀赴会、水淹七军、刮骨疗毒、大意失荆州、败走麦城……

《孝子孙性》助读与简析

【原文】

啬①夫孙性私赋②民钱,市③衣以进其父,父得而怒曰:"有君如是,何忍欺之!"促归伏罪。性惭惧,诣④阁⑤持衣自首。佑屏左右问其故,性具谈父言。佑使归谢⑥其父,还以衣遗之。

(选自《后汉书·吴佑传》)

【注释】

①啬:过于节俭,吝啬。②赋:指搜刮。③市:买。④诣:往,到……去。⑤阁:官署。⑥谢:谢罪,道歉。

【参考译文】

有一个叫孙性的吝啬人,私自搜刮民财,买了衣服孝敬他的父亲,他父亲知道后大怒说:"有那么贤明的君主,你怎忍心做这种欺上瞒下的人!"于是就促使孙性到官府自首认罪。孙性也非常惭愧害怕,于是就带着衣服到官府自首。父母官吴佑屏退左右询问其中的原因,孙性便把父亲说的话全部告诉了吴佑。吴佑听后便让孙性回家向自己的父亲谢罪,并把那些衣服赠送给了孙性。

【简析】

做人"孝"为首。在我们这个具有五千年文明史的礼仪之邦,"孝"

更是最基本的伦理道德。如果一个人或多或少存在一些缺点或错误，但他如果是一个至孝之人，那么，他的那些缺点或错误就似乎都可以或多或少地被掩盖，让它消融在"至孝"的光环中，因为古人早就说过"勿以小恚掩大德"。文中孙性正是因为"至孝"才感动了父母官吴佑，这不能不发人深省！

【拓展训练】

同学们，你们在日常生活中是怎样向父母长辈尽孝的？请以《孝敬父母，从小事做起》为题，写一篇读后感。

（刊于《语文学习报》2008年12月1日第22期）

《楚庄王伐陈》助读与简析

【原文】

楚庄王欲伐陈,使人视之。使者曰:"陈不可伐也。"庄王曰:"何故?"对曰:"其城郭高,沟壑深,蓄积多,其国宁①也。"王曰:"陈可伐也。夫②陈,小国也,而蓄积多,蓄积多则赋敛重,赋敛重则民怨上③矣。城郭高,沟壑深,则民力罢矣。"兴兵伐之,遂取陈。

(选自《说苑·权谋》)

【注释】

①宁:安定,安宁。②夫:句首发语词,表示下面将发表议论,可不译。③上:指陈国的统治者。

【参考译文】

楚庄王想讨伐陈国,就派人去侦察陈国的国情。侦察人员汇报说:"陈国不能讨伐。"楚庄王说:"为什么呢?"侦察人员说:"陈国的城墙高厚,护城河幽深,储备也很丰富,国家很安宁呀!"楚庄王却说:"陈国可以讨伐。因为,陈国是小国,而储备却很丰富,储备丰富必定赋敛繁重,赋敛繁重人民就会怨恨统治者。城墙高厚,护城河幽广,那么百姓就会疲惫不堪。"于是就发兵讨伐,灭亡了陈国。

【简析】

本文有两个问题令我们深思：

一是信息的获取和分析。楚庄王想讨伐陈国，就按照"知己知彼，百战不殆"的古训派人到陈国去刺探情报，根据"其城郭高，沟壑深，蓄积多，其国宁也"的汇报，陈国似乎不可伐。但楚庄王从陈国强盛表面的背后嗅出了陈国的致命弱点——"陈，小国也，而蓄积多，蓄积多则赋敛重，赋敛重则民怨上矣。城郭高，沟壑深，则民力罢矣。"故英明地得出了"陈可伐"的结论，于是就消灭了陈国。这大概就是《论语》所说的"闻一以知十"之效吧！

二是民心向背的重要性。陈因"赋敛重"、"民怨上"而亡国，斯诚为后车之鉴。

【拓展训练】

你还知道哪些历史上因赋敛繁重，民不聊生而亡国的朝代？

（刊于《语文学习报》2008年12月22日第25期）

《齐宣王见颜斶》助读与简析

【原文】

齐宣王见颜斶①,曰:"斶前!"斶亦曰:"王前!"宣王不说②。左右曰:"王,人君也;斶,人臣也。王曰'斶前',斶亦曰'王前',可乎?"斶对曰:"夫斶前为慕势,王前为趋士③。与使斶为慕势,不如使王为趋士。"王忿然④作色曰:"王者贵乎?士贵乎?"对曰:"士贵耳,王者不贵。"王曰:"有说乎?"斶曰:"有。昔者秦攻齐,令曰:'有敢去⑤柳下季⑥垄⑦五十步而樵采者,死不赦。'令曰:'有能得齐王头者,封万户侯⑧,赐金千镒⑨!'由是观之,生王之头,曾不若死士之垄也。"

(选自《战国策·齐策四》)

【注释】

①颜斶:齐国的隐士。②说:同"悦"。高兴。③趋士:接近士人,即礼贤下士。④忿然:气愤的样子。⑤去:距离。⑥柳下季:即柳下惠。名或,字禽。春秋时鲁国高士。享有"坐怀不乱"的美誉。⑦垄:坟墓。⑧万户侯:食邑万户的侯。⑨镒:古代的重量单位。二十四两为一镒。

【参考译文】

齐宣王召见颜斶,说:"颜斶,到我跟前来!"颜斶也说道:"大王,到我跟前来!"齐宣王不高兴。左右大臣都责备颜斶说:"大王是一国之君,而你颜斶,只是一介臣民,大王说'颜斶,到我跟前来',你也说'大王到我跟前来',这成何体统?"颜斶说:"如果我上前,那是贪慕权势;而大王过来则是礼贤下士。与其让我做个趋炎附势的人,倒不如让大王做个礼贤下士的君主。"齐宣王怒形于色,训斥道:"究竟是君王尊贵,还是士人尊贵?"颜斶不卑不亢地回答说:"自然是士人尊贵,而王并不尊贵?"齐王问:"这话怎讲?"颜斶答道:"以前秦国征伐齐国,秦王下令:'有敢在柳下惠坟墓周围五十步内打柴的,一概处死,决不宽赦!'又下令:'能取得齐王首级的,封侯万户,赏以千金。'由此看来,活国君的头颅,比不上死贤士的坟墓。"

【简析】

这则故事是谈论为政者自身修养问题的。古人云:"言为心声"。的确,通过一个人的言谈举止即可清晰窥探出他内心世界的善恶美丑。在这里,我们不妨拿文中的齐宣王和大教育家孔子做一个比较。有一次孔子散朝回家,见一个马棚失火了。于是就马上问周围的人:"伤人了吗?"并没有问及马和其他财产的情况。孔子云:"为政以德,譬若北辰居其所而众星共之。"此言得之。

【拓展训练】

文章是怎样通过"对比"来说明问题的?

(刊于《语文学习报》2009年3月30日第39期)

《孔子学琴》助读与简析

【原文】

孔子学鼓①琴师襄子②，十日不进③。师襄子曰："可以益矣。"孔子曰："丘已习其曲矣，未得其数④也。"有间，曰："已习其数，可以益矣。"孔子曰："丘未得其志也。"有间，曰："已习其志，可以益矣。"孔子曰："丘未得其为人也。"有间，有所穆然深思焉，有所怡然高望而远志焉。曰："丘得其为人，黯然而黑，几然而长，眼如望羊⑤，如王⑥四国，非文王其谁能为此也！"师襄子辟席再拜，曰："师盖云《文王操》也。"

（选自《史记·孔子世家》）

【注释】

①鼓：弹奏、敲击乐器。②师襄子：春秋时鲁国的乐官，孔子向他学过弹琴。③进：此指增学新曲。④数：技艺，技法。⑤望羊：即"望洋"、"望阳"。意为仰视，远视。⑥王：统治。

【参考译文】

孔子向师襄子学习弹琴，一连学了十天，也没有增学新曲子。师襄子说："可以学些新曲了。"孔子说："我已经熟悉乐曲了，但还没有熟练地掌握弹琴的技法。"过了些时候，师襄子又说："你已经熟悉弹琴的技法了，可以学些新曲了。"孔子说："我还没有领会乐曲的情感意蕴。"过了些时候，师襄子又说："你已领会了乐曲的情感意蕴，可以学些新曲了。"孔子说："我还没有体会出作曲者是怎样的一个人。"过了些时候，孔子肃穆沉静，沉思着什么，接着又心旷神怡，显出志向远大的神色，说："我体会出作曲者是什么样的人了，他肤色黝黑，身体高大，目光明亮而深邃，好像一个统治四方诸侯的王者，除了周文王，又有谁能够如此呢！"师襄子恭敬地离开座位向孔子拜了两拜，说："我老师原来说过，这是《文王操》呀。"

【简析】

宋人晁说之在《晁氏客语》中说过："为学之道，必本于思，思则得之，不思则不得也。"孔子学琴，既得其曲，又思而得其数、得其志、得其为人，可谓举一反三。唐刘知几《史通》云："睹一事于句中，反三隅于字外。"其孔子之谓乎。孔子学《易》则韦编三绝，学琴则举一反三，圣人之所以为圣，于此可见一斑。《礼记》论治学之道曰"博学之，审问之，慎思之，明辨之，笃行之"，吾辈切记，切记！

【拓展训练】

1. 查阅工具书，领会成语"韦编三绝"和"举一反三"的意思。

2. 对《礼记》中"博学之，审问之，慎思之，明辨之，笃行之"你是怎样理解的？

(刊于《语文学习报》2010年12月18日第16期)

《桓子野吹笛》助读与简析

【原文】

　　王子猷①出都,尚在渚②下。旧闻桓子野③善吹笛,而不相识。遇桓于岸上过,王在船中,客有识之者云:"是桓子野。"王便令人与相闻,云:"闻君善吹笛,试为我一奏。"桓时已贵显,素闻王名,即便回下车,踞胡床④,为作三调。弄⑤毕,便上车去。客主不交一言。

(选自《世说新语·任诞》)

【注释】

　　①王子猷(yóu):东晋书法家王羲之第三子,名徽之,东晋名士,清高自恃。②渚(zhǔ):水边。③桓子野:名桓伊,字叔夏,小字子野,东晋名士,著名军事家、音乐家,擅长吹笛。④胡床:古代的一种坐具,又称交床、绳床、交椅,类似今天的马扎,因从北方少数民族传来,故称胡床。⑤弄:演奏乐器。

【参考译文】

　　王子猷离开都城,还停在水边。他从前听说桓子野擅长吹笛,但并不认识。恰好桓子野从岸上经过,王子猷在船里,有位客人认识桓子野,说:"这个人就是桓子野。"王子猷就派人去告诉桓子野,说:"听说你擅长吹笛子,请你为我吹一曲。"桓子野当时已经是显达权贵,平时听到过王子猷的名气，于是就掉头回来走下车，坐在马扎上，为王子猷吹了三首曲子。演奏完毕，便上车离去，宾主之间没说一句话。

【简析】

古语云："君子之交淡如水，小人之交甘若醴。"王桓二人相闻而不相识，而其途中相逢即如倾盖，吹笛闻笛又似知音。二人虽自始至终未曾交言，然其心交神会之谊又岂是言语可表！"无声胜有声"，"客主不交一言"乃神来之笔、点睛之笔！虽一言不交，却尽得风流，令吾辈追慕不已！

【拓展训练】

1. "是桓子野。"属什么句式？试翻译。
2. 你知道王子猷"雪夜访戴"的故事吗？说出来与大家交流。

（刊于《语文学习报》2011年1月17日第29期）

现代文

《春鸟便是笙歌》精读

【原文】

早春三月，外面阳光真好。每当这样的日子，我总觉得时光是轻盈的，目光是清爽的，返校的学子，行囊是轻便的，当然了，还有我们的心灵，它们是清醒的。（早春三月，轻盈的时光、清爽的目光、轻便的行囊再加上一颗清醒的心灵，使人觉得浑身轻松、通体舒泰。同学，在这万物复苏的日子，不知你是否已领略到早春的美、生活的美？）

清晨的绿叶上，有着晶莹的珠动。那些贪睡的露珠，整整一夜，还没有睡醒，打了一个盹儿，从叶的这一端滑到了那一端。（通过拟人手法，写出了露珠的灵动与活力，真是羡煞人也——甘做朝露！）

在无边的春阳里，我的脑海边浮现这样的场景，父亲领着我的女儿，在早春的园子里，用女儿嫩葱白一样的小手去触碰那些露珠，女儿两岁，刚会喃喃学语，她不知道春天是什么？父亲捏着女儿的小手对着贪睡的露珠一碰，露珠滑动，女儿手上沾着残存的晶露，垂下来的小水珠，如没有发育的羊乳。女儿欢呼雀跃，春天停在我的手上了……（诗化的语言写出了"女儿"的稚嫩与天真。的确，在很多时候，孩子简直就是一位天生的小诗人。他们那发自内心的童言稚语岂不就是一首不加修饰而含义隽永的诗!)

父亲也很高兴,抱着女儿,抛起,再接着,一遍遍地逗女儿玩,爸爸说,每当他抱起女儿的时候,仿佛"天真"、"无邪"、"单纯"、"天使"等词汇都停栖在掌心。(在孩子诗性的感染下,不是诗人的父亲也成了诗人。——亲情使然!)

父亲不是诗人,这话却让我察觉到了无边的诗意。(深有同感。)

再说说父亲。(宕开一笔,激发读者的阅读欲望——"父亲"又是怎样一个人呢?)

父亲至今仍在乡村的合作医疗诊所做医生,上个世纪九十年代,原本有很多机会,父亲能到市区干诊所,那是个效益比农村强百倍的选择,早先和父亲一起的同事都转战城市了,他们回过头来纷纷劝父亲,父亲每次都一口回绝了。(城与乡的对比、效益好与差的对比再加上人与人的对比,对比中彰显"父亲"的朴实与伟大。)

父亲说,孩子还小,家里还有地,我帮人看病的间隙还能照看一下庄稼,多好!若是甩手离开了农村,妻儿都要搬家,孩子还小,城里的日子不一定能过得惯,求学的环境也大不一样,都要重新安置一遍,钱挣多少是多呢?只要没个病,没个灾的,就好了。(朴素的话语折射出"父亲"的淳朴与高尚。)

我很喜欢父亲这份知足。也正是父亲的这份安逸,这份与世无争,也锻炼了我和妹妹,让我们很早就走向了自立。(正所谓:耳濡目染、潜移默化。此万不可小觑!)

《小窗幽记》里说,身上无病,心上无事,春鸟便是笙歌。(引用自然、恰当。——幸福原来如此简单!可视为全文中心句。)多好的句子,"心上无事"是在说女儿,"身上无病"是在说父亲,我在用<u>快乐的心</u>(内心的真实感受与写照,用语浅显而意蕴深厚)记录下这么三世同堂的生活,也在享受着这样<u>春意融融的家庭</u>(比喻贴切自然)。

父亲不喜养鸟,说养鸟是<u>自私</u>的表现(将自己的快乐建立在鸟类的痛苦之上），人为了自己的快意而囤圄了鸟雀，仅仅是单方面的快乐，这种快乐是有阴影的（鸟类的自由受到了束缚和限制）。家中虽然无鸟，但偶尔会有画眉或麻雀停在窗前的杏树上，啁啾声声，如天籁笙歌。（洋溢着自然之趣。既照应题目，又点明主旨，使文章浑然天成。）

(选自《安徽青年报》2011年3月14日 李丹崖 文)

【结构提示】

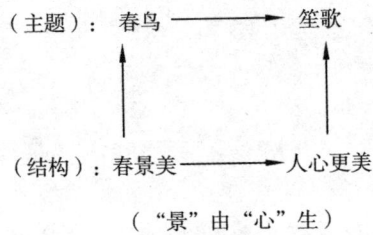

【阅读视点】

文章标题即富有诗意，就像摆在读者面前的一杯陈年佳酿飘了浓浓酒香，酒未沾唇，心就醉了，极大地挑逗起读者的味蕾。文章便以此（标题）行文，春鸟者，景也；笙歌者，心也。由景而人，由人而心，由心而理便是此文的结构脉络。文章前两段的景物描写（选取阳光、露珠两个特定意象）可视为为全文蓄势，而后作者用自己"快乐的心""记录下""三世同堂"的融融春意。先写祖孙游春的天伦之乐，继而写"父亲"的安逸与与世无争和对自己的影响，行文尽显曲径通幽之妙。文末更是生发开来，展示作者及家人博大无私的自然之爱，在净化读者灵魂的同时，也使文章具有了厚重的历史责任感与强烈时代感，从而提升了文章的品位与价值。

【写作借鉴】

本文有三个写作特色值得学习与借鉴。一是文章由景及人、由人及心、由心及理的写作手法使全文思路清晰、脉络分明。二是富有诗意的语言及排比、拟人、比喻等多种修辞手法的综合运用，使文章具有深刻的感染力。三是恰当的引用（《小窗幽记》）使文章锦上添花。

(刊于《考试指南报》2011年5月26日第46—49期)

《走不出鞋的脚》精读

【原文】

在我眼前，总是晃动着一双双的脚，筋骨裸露的，健步如飞的，颤抖的，蹦跳的，都是在走着，然后我注意到那些鞋，布的皮的，干净的风尘的。每一双脚都被桎梏在一双鞋里，脚带着鞋移动在路上。（点明时间及所见所感，引出下文的回忆）

回想起来（承前启后，既照应开头，又总领下文），这三十多年中，我穿过了太多的鞋。许多鞋在印象中化作虚无，就如回望前尘，有些足迹早已被烟云湮没。可是我却记得那一双布鞋，是我少年时去几里外的村子读初中时（开始回忆，注意文章的行文思路），母亲亲手缝制的。那种土褐色的布，那种一针一线纳的底儿，带着莫名的情愫，我在那条土路上走了整整三年。三年的时光，足以磨破任何一双鞋，可是那双布鞋，在我心底，在历经了那么多的岁月之后，仍是第一次穿上的模样，仍是最初的情怀。（母爱如初、思念依旧。）

后来的日子（注意叙述上的时间变化）便忙忙碌碌，就如飞离老树的鸟（比喻贴切，对故乡、对母亲充满无限的依恋和怀念），忽高忽低，忽远忽近，摇晃着一片又一片的天空。便告别了布鞋的年代，我年轻的双脚在各式各样的鞋子中进进出出，就这样走过了数不尽的水阻山隔。

故乡遥远，而那双布鞋更是渐行渐远。独（内心的真实写照，写出了自己内心的落寞、孤独与无助）栖于一个陌生的都市，周围都是奔走的人群，混杂其中，步履交错，我的双脚我的鞋如一滴水融入海中，敲击着钢筋水泥的城市。

有一个同事，在某个秋天（注意叙述上的时间变化），竟穿了一双布鞋，从容走进办公室。那一刻，我仿佛嗅（又触及自己敏感的乡思之情）到了乡间带着泥土味道的轻风，不知别人的目光是怎样，我的眼中却是涌起刹那的炽热。我把自己的脚悄悄地缩到椅子下面，那双崭新的皮鞋如牢狱般，第一次觉得脚的不自由。（细腻的心理描写加之恰当的比喻使自己的思乡之情尽现。）

那天下班的时候，我注视着那个同事走出门，走进大街上的车水马龙，瞬间人流仿佛消散，一片无边的原野，她的每一步都漾起清风，我的目光追随着她，看她的脚下生长出一簇又一簇的回忆。那个夜里，那条土路入梦，还有我奔走在上面轻快的脚步。（以乐写哀，反衬作者内心的苦楚，引起读者强烈的感情共鸣。）

有一次（注意叙述上的时间变化）去一个大山深处的村庄采风，低矮的屋檐缀满（用词精当、形象）着童年的梦。在一处空地上，一些孩子正在游戏，他们小小的脚丫上，都穿着清一色的布鞋，分明是家里人给做的。那些鞋似乎都踩在我心中最柔软的部位（又撩起自己的思乡之痛），一时有些痛，那些深藏的过往如水般漫过堤岸。就那样怔怔地（心翻五味瓶：羡慕、失落、痛苦、抑郁……照应第5段中"注视"）站在那里，时光在眼前重叠着，竟不知身处何时何境。（内心独白：身处何地、母在何方？）土褐色的布鞋，母亲的白发，灯下的一针一线，脚下的步履匆匆，岁月如潮扑面，剩下的，便是最最珍贵的了。

那一次，在那个山村里，我住在一户农家，坚持借了一双主人的布鞋，穿在脚上，就如把心放进一个温暖的容器，就像一棵干枯的树，从根上传来滋润,只是瞬间,便青翠欲滴枝繁叶茂。(多个比喻烘托自己意外之喜。赤子之心竟如此这般……)那几天,我穿着那双布鞋登山临水,穿林过涧,长久以来,也没有这样轻便轻松过了。(以身体之"轻松"暗指心理之"轻松",母爱的力量竟如此之神奇!)

晚上,看着主人的妻子在灯下做着布鞋,给他十岁的儿子,小家伙正是淘气的年龄,鞋子很费。说这些时,女主人脸上泛起疼爱的笑,<u>直入人心</u>。小家伙还不肯睡,在地上东一趟西一趟地跑着(与客居他乡、身不由己的自己形成鲜明对比),他的母亲依旧在做着鞋,她也许知道,总有一天,这个孩子会走出大山,他脚上的鞋子,也会不停地更换。可是,他也会渐渐明白,就算终其一生,也走不出母亲做的布鞋。("走不出母亲做的布鞋"即走不出母爱)。总有一天,他会如我今天般,面对一双布鞋,心中风起云涌。

<u>去年的时候</u>(注意叙述上的时间变化),回了一趟老家,走在那条土路上,<u>每一步都踏痛着回忆</u>。脚上的鞋,再不是当年的那一双,而母亲,也不复当年的年轻,<u>白发已经笼罩了她的暮年</u>,她再也不能<u>亲手缝一双温暖的布鞋,来焐热我异乡的孤寂与寒冷</u>。(语言突破日常表达习惯的束缚,追求一种"陌生化"的效果,但又不晦涩难懂,给人以独特的审美享受。再如第6段中"低矮的屋檐缀满着童年的梦"、"那些鞋似乎都踩在我心中最柔软的部位"等处。)

在母亲的白发笑纹中,忽然明白,真的是一生也走不出那双布鞋了,就如永远也走不出母爱的世界。我的灵魂会永远穿着那双布鞋,奔走于尘世之间,给我温暖的,是布鞋,是母亲,是那份深深的爱。(篇末运用象征手法点明主旨,极力抒发对母亲的感激、怀念与赞美。)

(选自《湘声报》2010年10月29日 包利民 文)

【结构提示】

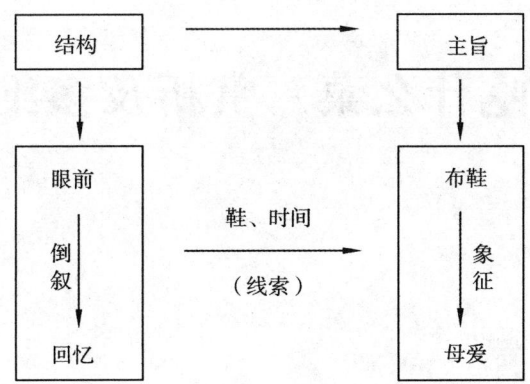

【阅读视点】

"母爱"是文学作品中一个永恒的主题,千百年来,它常写常新。本文即是从一个全新的视觉(平凡的布鞋体现深沉的母爱),运用象征手法,通过作者饱含真挚感情的细腻笔触抒发了对母亲深刻而独特的内心感受,同时也深深触发和涤荡了读者的灵魂,给人以强烈的艺术感染力。文章告诉我们:巧选角度是构思成文出奇制胜的不二法宝。

【写作借鉴】

本文有以下几个写作特色值得学习和借鉴:一是视觉新颖独特、出奇制胜,使人耳目一新。二是象征及对比等写作手法的综合运用,使文章既主旨鲜明又中心突出。三是倒叙的写作手法。即由眼前的情景(第1段)引发对三十年往事的回忆(2—10段)。四是以"时间"为经、以"鞋"为纬的双线索叙事法,使文章既脉络清晰又主旨鲜明。五是文中时间性提示语或过渡语的恰当运用使全文思路清晰、层次分明。如第1段中的"在我眼前"、第2段中的"回想起来"和"读初中时"、第3段中的"后来的日子"、第4段中的"在某个秋天"、第6段中的"有一次去一个大山深处的村庄采风"以及第9段中的"去年的时候"等等。六是文章多次使用比喻修辞,增强了文章的可读性与感染力。

(刊于《考试指南报》2011年5月27日第46—49期)

《妈妈爱吃什么菜》赏析及多维解读

【原文】

妈妈爱吃什么菜?

提出这个问题,是在一次朋友的聚会上。那一天,大家聊得海阔天空,吃得大汗淋漓,都很尽兴。临近酒席结束,一位朋友忽然叫服务员,叮嘱说:"再加一个酱烧鸡翅。"大家赶紧阻止:"都吃饱了,别浪费。"朋友笑笑,继续交代服务员:"鸡翅炒烂些,多放姜,加黄酒,烧好后给我打包。"

大家才明白,原来他要带回家吃啊。朋友转过神来,笑问大家:"谁知道自己的妈妈爱吃什么菜?"这意外的问话让大家都愣住了,是啊,妈妈爱吃什么菜?真没注意过。朋友接着慢慢道来:"以前我和大家一样,每次回家,妈妈都会做一桌子我爱吃的菜,蜜汁排骨、辣炒虾仁、糖醋鱼……吃饭时,她总坐在我身边,目不转睛地看着我,自己一口不吃。哪个菜我多夹两口,她便喜得眉眼含笑;哪个菜吃得少,她就眉头紧锁,一个劲儿地自责检讨,说肉炒老了,味重了……

"直到谈了女朋友后,第一次,我准备带她回家,在超市里,女友说:'买些你妈爱吃的菜带回去吧,你妈爱吃什么菜?'我一下子愣在那里。是啊,我妈爱吃什么菜?妈妈知道我喜甜嗜辣,知道我不吃香菜,知道我每顿离不了青菜，而我如此粗心，从未留意过妈妈喜欢吃什么。"

"后来我开始留心，看她究竟爱吃什么菜。可是，她从来不和我们一起吃饭，总是等大家吃完了，她才开始吃。似乎，我们爱吃的菜她都不爱吃，那些我们不喜欢吃的菜，她却吃得津津有味。"

"直到那次外婆过生日，席间，我年逾八旬耳聋目浊的老外婆特意把那盘酱烧鸡翅转过来，一个劲儿地往我妈碗里夹，嘴里含混地小声嘟哝着：你最爱吃的鸡翅，多吃点，多吃点……"

朋友的眼睛有些湿润。他叹了口气，继续说："从那以后，我就养成了习惯，每次出去吃饭，都要点一个酱烧鸡翅给我妈带回去。我现在正在学这道菜，总有一天，我要亲自做给她吃……在爱的天平上，我们和父母之间，总是倾斜的，他们的砝码永远比我们重……"

大家都沉默了，或许每个人都在思索：自己的妈妈到底爱吃什么菜？我想起上次妈妈生病，我回去看她，在超市转来转去，最后带回去的，却是爸爸爱吃的牛肉。妈妈爱吃什么菜？这个看似简单的问题，却考验着我们每个儿女的心：对这个在家庭里默默无闻、任劳任怨的女人，我们是不是忽略得太久？

大约每一个家庭的餐桌上，妈妈都是最后一个离开的人。她在厨房里辛苦忙碌，做一桌子的美味佳肴，自己却是最后一个上餐桌的人。吃完饭，她清理掉我们留下的剩饭剩菜，涮洗碗筷整理厨房。她把我们每个人的饮食喜好都牢牢记在心里，唯独忽略了她自己。

妈妈爱吃什么菜？我们每一个做儿女的，都应该认真地问问自己。

(选自《特别关注》2009年8月号　卫宣利　文)

【赏析】

文章以"妈妈爱吃什么菜"为题并结构全文，可视为全文的纲。文章开门见山，以一问句独自成段，劈空而来，直击读者的灵魂深处，使人猝不及防，大有先发夺人之效。随后交代提出这一问题的来龙去脉及自己的深刻感触，最后提醒每一个做儿女的应怎样认真对待这一问题。文章环环相扣，浑然天成，具有较强的艺术感染力和深厚的思想内涵。

【多维解读】

1. 文章以"妈妈爱吃什么菜"为题并在行文中反复出现 8 次之多，作者为什么要这样高频率地提出这一问题？原因只有一个：**在日常生活中，我们对妈妈的关心太少！**

2. 普天之下的妈妈们都会像文中的"妈妈"一样，在儿女归家时会做一桌子儿女们爱吃的菜，为什么要这样？这不需要任何理由，因为：**这是妈妈的天性使然，伟大无私的母爱永远是人间大爱！**

3. "妈妈爱吃什么菜？"做儿女的不知道，但我那"年逾八旬耳聋目浊的老外婆"仍然清楚地记得。由此可见：**母爱，母爱永远是人间最年轻的爱，它不会随着年龄的增长而消逝，也不会随着岁月的流逝而褪色，它永远保持着生机与活力，亘古不变，直到永远！**

4. 文章说："在爱的天平上，我们和父母之间，总是倾斜的，他们的砝码永远比我们重……"对此，难道我们就只会默默地坦然接受而没有丝毫的歉意和愧疚？要知道：**"鸦有反哺意，羊有跪乳恩。"兽犹如此，人何以堪！**

5. 文章提到，大约每一个家庭的餐桌上，妈妈都是最后一个上餐桌的人，也是最后一个离开的人，对此，**我们每一个做儿女的都要伸出双手，学会分担，使妈妈得到些许的解放和休息。**

（刊于《考试指南报》2011 年 7 月 21 日第 4 期）

《错失》赏析及多维解读

【原文】

耐心是一种美德,这是我缺乏的许多美德之一。

有些日子,只有在不得不去超市买东西时,我才走出家门。我最不喜欢的地方,就是蔬菜区,那里的人最多,并且几乎每个人都慢吞吞的,他们翻呀、拣呀。

一天,我决定去超市挑一些四季豆。"上帝,请给我耐心。"当我靠近堆放四季豆的货架时,我对自己说。

在我旁边的是一位老人,看上去已经有80多岁了,瘦而脆弱。我发现他那翻找四季豆的手正在发抖。

突然,他说道:"你知道吗?要找到合适的豆子需要时间,这可是一门艺术。"

"我可不知道。"我说,"但您的话很好地解释了为什么人们在这里花费了那么多时间。"

"我把它们当作人来看待。"他又说。

"豆子?"我惊讶地问。

"是的。"他以一种不容置疑的语气答道。

"你看到这根了吗?这根四季豆短而粗,不符合许多人眼里长、瘦、脆的标准。经过太多的手之后，售货员就会认为没有人要它，把它扔到一边，但是我要它。没有选择这根豆的人，其实不知道自己错过了什么。"老人拿着一根四季豆说。

"这根弯曲的四季豆也会没人要。有些人买食物时，更看重外表而不是营养。的确，漂亮的豆子，每根都是同样长度，盛在漂亮的碟子里，能增加吃饭的乐趣。但是我认为，一根豆子就代表生命本身。这个世界的生命充满了奇特的外形和不同的尺寸，有完美的，但更多的是不完美的。"他说。

突然，我发现，在这个只有我们两人的货架前，真是有些不寻常。我平静地倾听一个陌生老人的絮絮叨叨，并且对他的话产生了兴趣，也是不寻常的。

"是的，这些豆子让我想起了各种各样的人。你看，有些豆子饱满美丽，有些则有缺陷，但每一根豆子被赋予的内质是差不多的，只是，许多人只喜欢饱满的，所以那些不好看的最终被扔到垃圾箱。"他边说，边把几根豆子放进袋子里。

"好啦，我得走了。"几分钟后，老人说，"我把这些豆子留给你，请不要只是根据外表来判断它们。"

然后，他系紧塑料袋的袋口，转身去拽手推车，但他的手却落空了。

"先生，让我来帮你。"

"这个距离我经常判断错误。你不知道，我已经瞎了一辈子了。幸运的是，作为人，我们有选择，只要懂得选择，自己去创造机会，我们最终的命运就不会是躺在垃圾堆里。"老人最后又说。

瞎子？我无法相信。

突然，一位年轻女士从角落里出现，她朝我们这边喊道："爷爷，我在这里，你的正对面。我选了几个好番茄，你喜欢吗？"

"当然，亲爱的。"老人笑道。

然后，他转身轻声对我说："她总是这么匆忙，唉，匆忙会让她错过最好的东西。祝你有美好的一天！"

多锐利的洞察力，而他是一位盲人。他帮助我在简单的购物过程中发现了那些错失的东西。我不知道自己在那些匆忙的日子里，还错失了什么。

（选自《润文摘》2011年第2期 赵翼如 文）

【赏析】

文章以"我"思想认识的发展变化为线索，采用欲扬先抑的写作手法，将自己在超市买东西时的所见所闻娓娓道来，使读者在不知不觉中受到强烈的感染和熏陶。文章后半部分托物言志、以豆喻人，不仅贴切自然，同时也增强了文章的思想内涵。文章结尾既是对全文的总结，同时也呼应开头，深化主旨，亦可引发读者对自身行为的剖析和反省：自己在那匆忙的日子里也错失了些什么呢？使文章意蕴显得更加深厚而独到。

【多维解读】

1. 文章说许多人买豆时常常以"貌"取"豆"，结果使自己错过了什么而不自知，从而警策世人：在现实生活中，切勿被事物的表面现象所迷惑，以至于做出"买椟还珠"之类的傻事。

2. 人亦如豆，完美者有之，缺憾者亦有之。我们在充分发挥自身优势，挖掘自身潜能的同时还要善于向别人学习，取人之长，补己之短，使自身趋于完美，从而使自己在人生博弈中取得更大的成绩。

3. 在对待命运的态度上尤其让人深思：我们不能像宋人"守株待兔"那样等待命运之神的垂青，致使自身被命运所左右，成为命运的奴隶。相反，我们要自己主动去寻找、去创造，使自己的命运牢牢掌握在自己手中。

4. 匆忙会让人们错失许多美好的东西，因此我们在匆忙的社会生活中要学会忙中偷闲，于匆忙中去观察和品味生活的真谛，这样，我们就不会因匆忙而错失什么，相反还会收获点什么，何乐而不为呢！

《跑步的力量》赏析及多维解读

【原文】

清晨,当我在清新空气中上路,我总会觉得生活充满各种可能。

跑过街角时,我看到一群流浪汉。他们大概有10个人,我大声对他们说:"早上好!"他们先是一愣,随即试探着招手回应。他们身后那座旧房子的破门上挂着"慈善救助处"的牌子。

第二天早上,我又向他们挥手问好,这次有几个人出声回应。第三天、第四天,我特意放慢脚步,和他们聊了几句。一个人问:"你今天跑多远?"

"10英里。"

"我的天!你疯了吗?"

"我喜欢跑步。明天见!"

"祝你好运!"

这些人渐渐成为我的业余拉拉队,他们总在等着我。"你今天跑多远啊,安妮?""就跑6英里。"

我望着那一双双被孤独的街灯点亮的眼睛和那一张张灿烂的笑脸,一个问题浮上心头——我能为他们做点什么吗?

回忆慢慢展开,记得那年我16岁,有一天当我回家时,爸爸正在沙发上抽泣。原来,多年来他一直有赌博的恶习,他已经输光了家里所有的积蓄，妈妈和他分道扬镳了。他说："对不起，我绝对不是存心伤害你，我总是想靠自己的力量来克服，但是我没能做到。"

当我回到自己的房间，四壁仿佛一起朝我压来。我必须做点儿什么才行。最后，我穿上跑鞋出了门。在午后的炎炎烈日下，我一口气跑了好几英里，根本不在乎要去哪里，只是不停地跑。我从没跑过这么远的路，但随着双脚不断向前，胸中压抑的情绪仿佛从足底宣泄而出……等我精疲力竭地回到家时，心情已经非常平静，似乎听到上帝在说："我已经赐予你渡过难关所需的东西了。"我找到了给予爸爸支持、同时让自己保持身心平衡的力量，这力量就来自于简单的奔跑。为什么我不能让这些人获得同样的自我修复的快乐呢？

"对我来说，跑步绝不仅仅是为了保持健康，它能挖掘出我自己都不知道的内在力量。当我跑步的时候，我变成了一个自信而强大的人。如果你们也跑步的话，相信会有同样的感受。"我停下脚步，对他们说道。令我欣慰的是，所有人都来了兴致，跃跃欲试。

这之后第二天，在灰蒙蒙的晨曦中，我到达了救助处，他们全都站在外面等我。我联合其他热心人一起捐赠了跑鞋和运动服。我们很快为每个人找到了合适的尺码，然后就开始做准备活动。

我们出发了。当坚持完半英里时，看得出来他们都不再拘束了。一个个累得不成样子，但都龇牙咧嘴地笑着。"太棒了！"一个叫迈克的人大喊。"真不敢相信我能跑1英里！"克雷格接着说。

我们回到救助处时，詹姆斯已经上气不接下气了，他把手放在膝盖上，气喘吁吁地说："我从来没感觉这么好，下次跑步是什么时候？""明天。"我回答。

一年半后，我发起一个名叫"立足脚下"的公益组织，致力于在费城的流浪者避难所建立跑步俱乐部。

关于我们跑步的新闻很快传开了，参加长跑的人越来越多。这其中，迈克接受了训练，并参加了特拉华州马拉松赛。詹姆斯和克雷格也相继搬出了避难所，他们现在仍在跑步。

我仍然每天晨跑，每天看着这个世界在珍珠般的晨光中苏醒。我与身后追随者的步伐已融合在一起，共同踏出了一个简单而不朽的真理——只要我们善用上帝赋予的力量，一切就皆有可能。

（选自《海外文摘》2009年第6期 ［美］安妮·马霍姆文 李水译）

【赏析】

本文在写法上除了注意首尾呼应之外，还成功地运用了插叙的写作手法。所谓插叙，就是在顺叙过程中暂时停下原来的叙述，而插进与此有关另一段叙述，以对原来所叙述的某一事物作必要的说明或补充。如本文叙述自己父亲赌博、父母离异及自己因心理暗淡而跑步，又因跑步而心灵得到自我修复等部分内容即为插叙。插叙的运用不仅使读者明白了事情的来龙去脉，而且也认同了"跑步的力量"，从而使文章主旨倍加鲜明、生动和感人。另外，文章对跑步前后状态的对比叙述也值得学习与借鉴。

【多维解读】

1. 在遭遇挫折、身处逆境时，不要悲观失望，要学会"自我修复"，要相信"生活充满各种可能"。文中"我"遭遇家庭变故，影响可谓深矣。然"我"通过"简单的奔跑"却跑向了光明、快乐和成功，相信，这对身处逆境的人们可谓一个有益的启示。

2. 当自己在某一方面取得某种成功或荣誉之后，心头不妨也浮上一个问题："我能为他们做点什么吗？"文中"我"在冲出阴影，奔向光明和快乐之后，想到了"慈善救助处"的人们，于是"立足脚下"，播撒出一片光明和快乐，感人至深。

3. 成功和快乐总是偏爱勇往直前的斗士。"我"身处逆境而选择"简单的奔跑"，收获的不仅仅是健康，而且还"挖掘出我自己都不知道的内在力量"，实在耐人寻味！

（刊于《考试指南报》2011年10月7日第15期）

《特别的帮助》技法点拨及多维解读

【原文】

圣诞的钟声就快敲响了。整个盐湖城都被厚厚的白雪覆盖着,街上几乎看不到行人。然而,位于犹他大街街尾的那家老钟表店仍然亮着灯光。钟表店的店主叫郝斯,看店的是他的孙子雷恩。雷恩14岁就辍学跟随爷爷在钟表店里做事。经过两年多的锻炼,雷恩已经成为了一个老练的店员。

23点50分,雷恩修好了一个古董钟。他站起来,准备回里屋叫醒爷爷出来换班。这时,"吱呀"一声,前门被推开了。

雷恩转身准备迎接顾客,但是他的眼睛告诉他,来者并不是顾客。来者一共两人,都是男子,年轻的那个停在门口没有进店,年纪大的那个阴沉着脸直接朝雷恩走来。雷恩控制着内心的恐惧,慢慢地把一本便笺簿和一支铅笔推到柜台前面。

他对那张不友善的脸笑了笑,然后指着自己的嘴巴和耳朵,摇了摇头,再指着柜台上的便笺簿和铅笔,示意中年男子把要说的话写在便笺簿上。中年男子怔住了。显然,店员不但这么年轻,还是个聋哑人让他感到很意外。他盯着便笺簿几秒钟,然后回头跟他的同伙说话。

雷恩趁机仔细观察这名中年男子。他发现中年男子的右手放在上衣的口袋里,口袋鼓鼓的,分明是一把手枪的形状,而那只拿枪的手似乎有点颤抖。他既惊恐又愤怒，但心中有一个声音对他说："雷恩，你一定要镇定！一定要沉住气！"他提笔在便笺上写道："您需要什么？"

中年男子看了一眼雷恩写的字，然后盯着雷恩，嘴角轻轻地笑了笑。雷恩明白他进店的目的是为什么，他的同伙为什么站在门口，当然是给他把风。

店内的钟在"滴答滴答"地响着。雷恩平静地写下另一句话："您来取钟还是取手表？"然后他指着摆满旧钟和旧手表的货架。他的爷爷不是一个当铺老板，但爷爷无法对那些把他们的旧手表或者旧钟放在他面前以换取一点应急款的穷人们说"不"。这些旧钟和旧手表一直摆在那里，一直到他们的主人来领回去。而爷爷总是只收回借贷出去的同样的款额，从不算一分钱的利息。

中年男子似乎放松了点，他从口袋里抽出手，给雷恩看他手腕上的表。"这个表你能给我多少钱？"他在便笺簿上写道。

雷恩注意到他的灰色的眼睛闪过了一丝羞愧。雷恩明白，这两个人如果不是迫不得已，如果不是急需用钱，不会在这个时候以这种方式到他的店来。他写道："您要多少钱？"

中年男子写道："值多少你就给多少。"

雷恩暗暗松了一口气。他伸手进钱箱，拿出两张100美元的钞票，放到中年男子的手上。中年男子把手表交给雷恩。雷恩看着对方的眼睛，它们仿佛在说："谢谢！"他们都知道这个手表并不值这么多钱。

在转身离开前，中年男子写道："请您放心，我一有能力就来把它赎回去。圣诞快乐！"

就在两人离开钟表店的那一刻，店内所有的钟都敲响了12点。雷恩觉得自己仿佛听见了圣诞的钟声。这美妙的钟声充满了希望。

这时，雷恩的爷爷从里屋走了出来。他问道："孩子，刚才来顾客了吗？"

"是的，爷爷，来了两个急需帮助的顾客。我用您的方式帮助了他们。"雷恩笑着写道。

（选自《润文摘》2011年第4期　庞启帆译）

【技法点拨】

"悬念法"是本文在写作上的一个突出特点。时已午夜，钟表店门又被"吱呀"推开，那么，造访者是谁，他们为什么这时候才来，他们来干什么，事情又将如何发展……一个个问题让读者疑窦丛生，使读者不得不带着紧张而好奇的心理急切地读下去。随着事情的发展，疑团一个个被解开，结果竟如此出人意料，令人拍案叫绝。这样，文章以一个特殊的时刻（圣诞之夜）、一对特殊的顾客（持枪歹徒）、一个特殊的店员（聋哑少年）、一个"特别的帮助"（当表相助）、一个深刻的道理（与人为善）结构全篇，令人回味无穷。

【多维解读】

1. **凡事要与人为善**。郝斯把钟表店开成了当铺，且"总是只收回借贷出去的同样的款额，从不算一分钱的利息"。耳濡目染，雷恩也学会了用"爷爷"的方式帮助人们——哪怕是持枪歹徒——这才避免了悲剧的发生，可谓善因善果。

2. **遇事要沉着冷静**。在遇到持枪歹徒欲行不轨时，雷恩虽然"既惊恐又愤怒"，但他一直提醒自己："一定要镇定！一定要沉住气！"在与歹徒机智周旋的过程中，使歹徒终受感化，从而放下屠刀，重新做人。试想雷恩如果以暴制暴，后果又将如何！

3. **任何事物都具有两面性：善恶美丑、是非曲直**。为非作歹，实为无奈之举；恶人作恶，看似内因，但外因亦不可忽视。持枪歹徒因无路可走而铤而走险，但他们却遇到了一向行善积德的郝斯祖孙，所以才化干戈为玉帛，使其弃恶从善，令人深思！

（刊于《考试指南报》2011年10月27日第18期）

《人生的第一个约定》赏析及写作借鉴

【原文】

那一刻,她惊呆了!

站在幼儿园门口,她看见自己三岁的女儿,正被一个比女儿略高的男孩,左右开弓地扇着耳光。她本能地用目光寻找老师,发现老师正在背对着整理东西,老师显然没看见这一切。

她怒不可遏地冲进了教室。

冲到女儿和男孩面前,她扬起了自己的右胳臂,手掌愤怒地张成扇形,向着男孩,抡了过去。

女儿看见了她,带着哭腔,喊了她一声:"妈妈!"

男孩惊愕地瞪大了眼睛,他的两只小手掌,僵硬地停在空中。

"啪!"

女儿桌上的一个玩具,掉在了地上。女儿又喊了她一声,"妈妈!"

她的手掌,在离男孩的脸三厘米的地方,停了下来。平静了一下,她将手掌反转过来,搭在了男孩的肩上,另一只手抚摩着女儿的头。

她蹲下身,眼睛盯着男孩。男孩迟疑地往后退缩。她指指女儿,对男孩说,我是她的妈妈。

男孩恐惧地看着她。

她问男孩，几岁了？男孩怯怯地告诉她，四岁了。她对他说，那么，你是哥哥。哥哥怎么能够打妹妹呢？

男孩不好意思地低下了头。

她又问他，哥哥应该怎样对待妹妹？

男孩想了想，轻轻地说，保护妹妹。像爸爸保护妈妈一样。

女儿扑哧一声，笑了："没羞。"她也笑了，对，像个男子汉一样。可是，你今天却打了妹妹。

男孩重重地低下头，我错了。

那你今后，还会打妹妹吗？她问男孩。

男孩抬起头，坚定地摇摇。

她伸出右手的小拇指，那我们拉钩。

男孩好奇地看着她，犹疑地伸出了手，看着自己的五个手指，不知道怎么做。她看出来了，男孩从没有与人拉过手指。她告诉他，用小拇指拉钩。

男孩弯起小拇指，和她的小拇指，钩在了一起。男孩的脸，激动得通红。

她对男孩说，拉得越紧，越要做到。男孩抿着嘴唇，手指用力地紧紧钩住她的手指。

女儿也好奇地伸出小拇指，和他们的手指，钩在了一起……

这是发生在一个朋友身上的真实故事，这个朋友，就是那位男孩。如今，他自己也做了爸爸。每天送孩子上幼儿园，他还会时不时想起那一幕。这是整个幼儿园阶段，他唯一清晰记得的一幕。后来，他和那个女孩，成了小学同学，又上了同一所中学，直到高中之后才分开，上了不同的大学。他说，很感谢那位女同学的母亲，当她愤怒地冲到他面前的时候，他吓坏了，以为一定要挨一顿饱揍。他绝没有想到，她不但没有打他，还和他拉钩，那是他第一次与人拉钩。那一钩，是他人生的第一个约定,这个约定,他坚守至今。从此之后,他就像保护自己的妹妹一样,处处保护着那个小女孩。他也再没有欺侮过任何其他同学,特别是女同学。

我特别钦佩那位母亲,她成功地化解了一次孩子间的纠纷,并且,将她的大爱,像一颗种子一样,埋在了另一个孩子的心中。

(选自《天下阅读:关怀》 孙道荣 文)

【赏析】

"没有爱就没有教育"这句话众所周知,而本文则是它的最好注脚。在面对自己年仅三岁的女儿被别的男孩左右开弓扇耳光时,"她"本能地"扬起了自己的右胳臂""向着男孩,抢了过去",这,可以理解;但"在离男孩的脸三厘米的地方"却"停了下来",而又"将手掌反转过来,搭在了男孩的肩上",这,则不由使我们啧啧赞叹了!为什么会这样,因为她想到了"爱"。正是在这博大"爱心"的笼罩下,那个小男孩才能始终"像保护自己的妹妹一样"保护着"她"的女儿。所以说,在"爱的教育"这方面,"她"做到了极致。

【写作借鉴】

本文的"语言描写"值得我们学习与借鉴:"她"通过"我是她的妈妈"使男孩感到恐惧;通过"哥哥怎么能够打妹妹呢"使男孩认识到错误;通过"哥哥应该怎样对待妹妹"使男孩承担起责任;通过"还会打妹妹吗"使男孩坚定了信念;通过"那我们拉钩"使男孩义无反顾……几次简短而有启发性的对话,体现了"她"的教育思路和小男孩真心认错、大胆改错和勇于承担的心路历程。这样,不仅成功地化解了孩子的纠纷,同时也给读者上了精彩的一课。

(刊于《考试指南报·七年级下作文专版》2011—2012年第29期)

第六章

校场演练

——习题设计

文言文

《李淳风①推算日蚀》阅读训练

【原文】

太史令②李淳风校新历成,奏:"太阳合③日蚀,当既④,于占不吉。"太宗不悦,曰:"日或不蚀,卿将何以自处?"曰:"有如不蚀,则臣请死之。"及期,帝候日于庭,谓淳风曰:"吾放汝与妻子别。"对以"尚早一刻",指表影曰:"至此蚀矣。"如言而蚀,不差毫发。

(选自《隋唐嘉话》唐·刘餗)

【注释】

①李淳风:唐朝岐州雍(今陕西省凤翔县)人,精通历算,制浑天仪,是著名的天文学家。②太史令:官名,掌管天文、历算、占卜等事。③合:应该。④既:尽。指日全食。

【训练】

1. 解释下列句中加点的词

(1) 太宗不悦＿＿＿＿＿＿

(2) 吾放汝与妻子别＿＿＿＿＿＿

2. 下列句子中与其他三句句式不同的是（　　）

A. 卿将何以自处　　　　B. 帝候日于庭

C. 对以"尚早一刻"　　　D. 至此蚀矣

3. 翻译句子

有如不成，则臣请死之。

_____

4. 本文告诉我们，我国的天文科学在一千多年前就达到了很高的水平。对此，你有何感想？

【参考答案】

1.（1）高兴（2）妻子和孩子

2. D（A 倒装句，疑问句中疑问代词"何"作介词"以"的宾语，宾语前置；B 倒装句，介词结构"于庭"后置；C 倒装句，介词结构"以'尚早一刻'"后置；D 省略句，"至"前省略主语"影子"）

3. 如果不发生日蚀，那么我情愿为此而死。

4. 此题为主观题，不设统一答案。

【参考译文】

太史令李淳风校订出了新的历法，报告皇帝说："太阳应出现日食现象，且应是日全食，通过占卜不吉利。"唐太宗听了很不高兴，说："太阳如果不发生日食，你将怎样处罚自己呢？"李淳风回答说："如果不发生日食，那么我情愿为此而死。"到了那天，太宗老早便在庭院中等候日食出现，并且对李淳风说："我可以先让你回去跟你的妻儿诀别。"而李淳风却说："离日食还差一刻呢！"又指着日冕盘上的表影子说："等影子转到这里就该发生日食了。"不大一会儿，果如其言，不差分毫。

（刊于《语文学习报》2009 年 3 月 2 日第 35 期）

《太祖教子》阅读训练

【原文】

魏国长公主尝衣贴绣铺翠襦入宫中,太祖曰:"汝当以此与我,自今勿复为此饰。"主笑曰:"此所用翠羽几何?"太祖曰:"不然,主家服此,宫闱戚里皆相效,京城翠羽价高,小民逐利伤生浸①广,实汝之由。汝生长富贵,当念惜福,岂可迁此恶业之端?"

(选自《戒子通录》)

【注释】

①浸:渐渐,逐渐。

【训练】

1. 解释下列句中加点的词

(1)魏国长公主尝衣贴绣铺翠襦入宫中 _____

(2)此所用翠羽几何_____

(3)不然,主家服此……_____

2. 用"/"标出下句的朗读节奏(只标两处)

魏 国 长 公 主 尝 衣 贴 绣 铺 翠 襦 入 宫 中。

3. 指出下句的句子类型

此所用翠羽几何?_____

4. 公主"衣贴绣铺翠襦"最终会导致什么后果？（用文中原句回答，不超过十个字，并翻译）

最终后果：_____

翻译：_____

5. 文末"迁此恶业之端"即"开这种坏事之端"之意，你知道与此同义的一个成语吗？

成语：_____

6. 读了本文，你认为宋太祖有哪些优良品德值得你学习？（自己概括即可）

_____

_____

_____

【参考答案】

1.（1）穿，穿着（2）多少（3）这样

2. 魏国长公主/尝衣贴绣铺翠襦/入宫中。

3. 倒装句（定语"几何"后置）

4. 最终后果：小民逐利伤生浸广

翻译：老百姓因为追逐钱利而去伤害鸟类的事就会越来越多。

5. 成语举例：始作俑者/罪魁祸首

6.（1）自觉保护鸟类，维护生态平衡（2）珍惜来之不易的幸福生活（3）不要盲目攀比（4）教育孩子要讲究方法，不能动辄呵斥打骂，而要动之以情，晓之以理

【参考译文】

魏国长公主曾经穿着贴着绣花铺着翡翠羽毛的短衣进入宫中，宋太祖看见了，便对她说："你把这件衣服脱下来给我，从今以后，不要再做这样的装束了。"公主笑着回答说："这样一件衣裳能用得了多少翠羽？"

太祖说:"不能这样说。公主穿上了这种衣服,后妃外戚都会效仿,那么,京城翠羽的价格就会随之涨高,老百姓因为追逐钱利而去伤害鸟类的事就会越来越多,这实际上是因你而起。你生长在富贵之家,应该念惜这种幸福,怎么能够开这种坏事之端呢?

(刊于《语文学习报》2009年4月20日第42期)

《南村辍耕》阅读训练

【原文】

陶宗仪①，字九成，黄岩人。……艺②圃③一区，躬④耕之暇，以笔墨自随。时辍耕树阴，抱膝而叹。每记一事，辄摘叶书之，贮一破盎⑤，去则埋于树根，人莫能测。如是者十年，遂累盎至数十。一日，尽发其藏，萃⑥而录之，合⑦三十卷，题曰《南村辍耕隶》。

（选自《新元史·陶宗仪传》）

【注释】

①陶宗仪（1329~约1412）字九成，号南村，浙江黄岩（今浙江台州清陶乡）人。历史上著名的史学家、文学家。②艺：种植。③圃：种植蔬菜瓜果的园子。④躬：亲自。⑤盎：一种腹大口小的盛器。⑥萃：聚集。⑦合：合并，聚合。

【训练】

1. 解释下列句子中加点的字

（1）躬耕之暇（   ）　　（2）时辍耕树阴（   ）

（3）去则埋于树根（   ）　　（4）萃而录之（   ）

2. 翻译下列句子

（1）每记一事，辄摘叶书之，贮一破盎。

_____

(2) 如是者十年，遂累益至数十。

_____

3. 陶宗仪"如是者十年，遂累益至数十"而成《南村辍耕录》，对此，你有何感想？

_____

【参考答案】

1. (1) 空闲　(2) 停止　(3) 离开　(4) 抄录，写

2. (1) 每记起一件事，都摘下树叶写在上面，存到一个破罐子里。(2) 就这样过了十年，就积累了好几十个罐子。

3. 在学习上尤其要注意积累，并持之以恒，这样才能学有所成。

【参考译文】

陶宗仪，字九成，黄岩人。……开辟了一块苗圃花园，亲自耕种的空闲，随身带着笔墨。他常常停止耕种，蹲到树阴下，抱着膝盖叹息。每记起一件事，都摘下树叶写在上面，存到一个破罐子里，离开时就把它埋在树根处，别人都不知道怎么回事。就这样过了十年，就积累了好几十个罐子。一天，他把埋藏的破罐子全部挖掘出来，汇集并编录成集，共三十卷，书名叫做《南村辍耕录》。

(刊于《语文报》2009 年第 49 期)

《温人之周》阅读训练

【原文】

温人之周，周不纳。问曰："客耶？"对曰："主人也。"问其巷①而不知也，吏因囚之。君使人问之曰："子非周人，而自谓非客，何也？"对曰："臣少而诵《诗》②，《诗》曰：'普天之下，莫非王土。率土之滨，莫非王臣。'今周君天下，则我天子之臣，而又为客哉？故曰'主人'。"君乃使吏出之。

（选自《战国策·东周策》）

【注释】

①巷：住所。②《诗》：即《诗经》中国第一部诗歌总集。

【训练】

1. 解释下列句字中加点的词

(1) 温人之周_____

(2) 臣少而诵《诗》_____

(3) 君使人问之_____

2. 文中"子非周人"是一否定判断句。请再从文中找出两肯定判断句

(1) _____

(2) _____

3. 文中"《诗》"即"《诗经》",属"五经"之一,其另外四部经书分别是:_____、_____、_____和_____。

4. 翻译句子

今周君天下,则我天子之臣,而又为客哉?

_____

5. 文中"温人"是一个怎样的人?读后,你有何感触?

_____
_____

【参考答案】

1. (1) 动词,"到……去" (2) 年幼,年轻 (3) 派

2. (1)(我)主人也。 (2) 我天子之臣。

3. 《书》《礼》《易》《春秋》

4. 现在大周统治整个天下,那么,我就是天子的百姓,又怎么说我是外地人呢?

5. 机智善变,博学多才 / 感触:我们应学而不厌,用知识来充实自己的头脑,使自己成为一个博学多才的人。(意同即可)

【参考译文】

温地人来到东周,东周不接待。问他:"你是外地人吧?"回答说:"我是本地人。"问他住在哪里,他回答不出。看守边界的官吏就把他抓了起来。周君派人问他:"你不是东周人,为什么谎称自己不是外地人呢?"他回答说:"我年轻的时候读过《诗经》,《诗经》上说:'整个天下,无一处不是君王的领土;四海之内,无一人不是君王的百姓'。现在大周统治整个天下,那么,我就是天子的百姓。又怎么说我是外地人呢?所以我说是'本地人'。"于是周君就令人放他走了。

(刊于《语文学习报》2010年3月22日第38期)

《待人宽厚》阅读训练

【原文】

有牛犯①其田者，士谦②牵置凉处，食之过于本主。望见盗刈③禾黍者，默而避之。其家僮尝执盗粟者，士谦慰谕④之曰："穷困所致，义无相责。"遽⑤令放之。

（选自《北史·李孝伯传附李士谦传》）

【注释】

①犯：危害。②士谦：姓李，名士谦，字子约（523－578），隋朝赵郡平棘（今河北赵县）人。自幼丧父，事母至孝。末尝饮酒食肉，口无杀害之言。③刈：割。④谕：告诉，使人知道。⑤遽：马上，立刻。

【训练】

1. 试用原文字词解释下列各句中的"之"字

(1) 食之过于本主 _____

(2) 默而避之 _____

(3) 士谦慰谕之 _____

(4) 遽令放之 _____

2. 试从文中找出两通假字并解释

(1) 通假字：_____ 解释：_____

(2) 通假字：_____ 解释：_____

3. 文中通过哪几件事体现了李士谦待人宽厚的性格特点？试用自己的话概括。

_____

【参考答案】

1．(1) 牛　(2) 盗刈禾黍者　(3) 其家僮　(4) 盗粟者

2．(1) 食：同"饲"，喂养　(2) 无：同"勿"，不要

3．(1) 把闯进自家田里的别人的牛牵到荫凉处饲养。(2) 望见有人偷割自己家的庄稼，就不出声地躲开。(3) 让僮仆将偷自己粮食的人释放。

【参考译文】

有一次别人的牛闯进他家田里去，士谦把它牵到荫凉处饲养，比主人饲养得还好。望见有人偷割他家的庄稼，他就不出声地躲开。他家的僮仆曾经捉住偷他粮食的人，士谦告诉僮仆："穷困使人这样，没有责怪人家的道理。"叫人马上将其放了。

(刊于《语文报·初中教师版》2010年4月5日第7期)

《〈颜氏家训〉四则》阅读训练

（一）戒骄

【原文】

夫学者所以求益耳。见人读数十卷书，便自高大，凌①忽②长者，轻慢同列，人疾之如仇敌，恶之如鸱枭③。如此以学自损，不如无学也。夫学者犹种树也，春玩其华④，秋登⑤其实。讲论文章，春华也；修身利行，秋实也。

（选自《颜氏家训·勉学》）

【注释】

①凌：侵犯，欺辱。②忽：不注意，不重视。③鸱枭：一种恶鸟。头大，嘴短而弯曲。吃鼠、兔、昆虫等小动物，对农业有利。种类很多，如鸺鹠、猫头鹰等。④华：同"花"。⑤登：享用。

【训练】

1. 解释下列句中加点的字

（1）古之学者必有师_____

夫学者所以求益耳_____

(2) 夫学者所以求益耳＿＿＿＿＿＿＿＿＿＿＿＿

所以动心忍性＿＿＿＿＿＿＿＿＿＿＿

(3) 人疾之如仇敌 ＿＿＿＿＿＿＿＿＿＿

深恶痛疾＿＿＿＿＿＿＿＿＿＿＿

(4) 可远观而不可亵玩焉＿＿＿＿＿＿＿＿＿

春玩其华，秋登其实＿＿＿＿＿＿＿＿＿＿＿

2．翻译句子

夫学者犹种树也，春玩其华，秋登其实。讲论文章，春华也；修身利行，秋实也。

_____

3．简答

(1) 文章认为学习的目的是什么？（用原文中的两个字回答）

_____

(2) 文章认为学习到底能取得什么益处？（用原文中的两四字短语回答）

_____

(3) 在学习中如自高自大，又会造成什么后果？（用原文中的两个字回答）

_____

【参考答案】

1．(1) 学习的人/学习　(2) 用来……的/用……的方式来 (3) 痛恨/痛恨　(4) 玩弄/观赏，欣赏

2．学习就像种树一样，春天可以欣赏它的花朵，秋天可以享用它的果实。讲习文章，就像春天的花朵；提高修养以利作为，就是秋天的果实。

3．(1) 求益　(2) 讲论文章　修身利行　(3) 自损

【参考译文】

　　学习是为了求得补益的，可是，我见到有的人读了几十卷书，就自高自大起来，他们不尊重长者，轻视傲慢同辈人，人们痛恨他们就像痛恨仇敌一样，厌恶他们就像厌恶鸱枭一样。像这种由于学习而出现自我损败，还不如没有学问呢。学习就像种树一样，春天可以欣赏它的花朵，秋天可以享用它的果实。讲习文章，就像春天的花朵；提高修养以利作为，就是秋天的果实。

（二）早教

【原文】

　　人生小幼，精神专利①，长成已②后，思虑散逸，固需早教，勿失机也。吾七岁时，诵《灵光殿赋》，至于今日，十年一理③，犹不遗忘；二十以外，所诵经书，一月废置，便至荒芜矣。然人有坎壈，失于盛年，犹当晚学，不可自弃。孔子云："五十以学《易》，可以无大过矣。"幼而学者，如日中之光；老而学者，如秉烛夜行，犹贤乎瞑④目而无见者也。

（选自《颜氏家训·勉学》）

【注释】

　　①专利：专，专门，专一。利，敏锐。② 已：同"以"，语气词。③ 理：整理，整顿。此指背诵。

【训练】

1. 解释词语

（1）"固"　固需早教_____　　人固有一死_____

固国不以山溪之险_____　　　　汝心之固，固不可彻_____

（2）"然"　然人有坎壈_____　　防患于未然_____

吴广以为然＿＿＿＿＿＿　　　杂然相许＿＿＿＿＿＿

2. 本文的中心句是：＿＿＿＿＿＿＿＿＿＿＿＿

3. 翻译

幼而学者，如日中之光；老而学者，如秉烛夜行，犹贤乎冥目而无见者也。

＿＿＿＿＿＿＿＿＿＿＿＿＿＿＿＿＿＿＿＿＿＿＿＿＿＿

4. 读了本文后，正处于人生"黄金时期"的你有何感想？

＿＿＿＿＿＿＿＿＿＿＿＿＿＿＿＿＿＿＿＿＿＿＿＿＿＿

【参考答案】

1.（1）同"故"所以，因此／本来／巩固／固执，顽固　（2）然而／这样，那样／是的，对的／……的样子

2. 人生小幼，精神专利，固需早教，勿失机也。

3. 从小就开始学习的人，好像是太阳初升时发出的光芒；而到了老年再开始学习的人，好像是手持火把在走夜路，这总比闭着眼睛什么也不看的人要强呀。

4. 珍惜青春年华，努力学习，为今后的发展奠定良好的基础。（意思相同即可）

【参考译文】

人们在年纪幼小的时候，精力集中而且敏锐。长大以后思想就涣散逸乱了。所以要及早进行教育，不要丧失时机。我七岁时就背诵了《灵光殿赋》，直到现在，隔十年背它一次，仍然没有遗忘。而我二十岁以后背过的经书，放上一个月不去管它，那就忘得差不多了。然而，人生难免会有坎坷，在少年时代失去学习的人，仍然应该抓紧以后的时间进行学习，而不应自暴自弃。孔子说："五十岁的时候学习《易经》，可以不犯大的错误。"从小就开始学习的人，好像是太阳初升时发出的光芒；而到老年再开始学习的人，好像是手持火把在走夜路，这总比闭着眼睛什

么也不看的人要强呀。

(三) 博闻

【原文】

齐孝昭帝侍娄太后疾，容色憔悴，服膳①减损。徐之才为灸两穴，帝握拳代痛，爪入掌心，血流满手。后既痊愈，帝寻疾崩，遗诏恨不见山陵之事②。其天性至③孝如彼，不识忌讳如此，良由无学所为。若见古人之饥欲母早死而悲哭之，则不发此言也。孝为百行之首，犹须学以修饰之，况余事乎！

（选自《颜氏家训·勉学》）

【注释】

①膳：饭食。② 山陵之事：本文指为母亲修好陵墓。③ 至：极，最。

【训练】

1. 下列句中，"之"字用法相同的两项是（　　）

A. 恨不见山陵之事　　　B. 古人之饥欲母早死

C. 欲母早死而悲哭之　　D. 徐之才为灸两穴

E. 犹须学以修饰之

2. 试解释下列句中加点的字

（1）后既痊愈＿＿＿＿　　（2）良由无学所为＿＿＿＿

（3）帝寻疾崩＿＿＿＿　　（4）遗诏恨不见山陵之事＿＿＿＿

3. 用"/"画出下列句子的朗读节奏（每句两处）

（1）遗诏恨不见山陵之事。

（2）若见古人之饥欲母早死而悲哭之。

4. 本文所表明的主旨是（　　）

A. 孝昭帝至孝　　　B. 孝昭帝不识忌讳

C. 孝昭帝欲母早死　　　　D. 孝昭帝无学

5. 翻译句子

孝为百行之首，犹须学以修饰之，况余事乎！

_____

6. 对齐孝昭帝"遗诏恨不见山陵之事"你如何评价？

_____

【参考答案】

1. C E 代词（A. 结构助词"的"；B. 用在主谓之间，取消句子独立性；D. 人名用字）

2. （1）已经　（2）实在　（3）随即，不久　（4）遗憾

3. （1）遗诏／恨／不见山陵之事　（2）若见／古人之讥／欲母早死而悲哭之

4. D

5. 孝顺本来是各种行为中最重要的，尚且需要通过学习做得更好，更何况其他的事情呢！

6. 主观题，不设统一答案，能自圆其说即可。

【参考译文】

　　齐朝的娄太后生病时，她的儿子孝昭帝前去侍候。为此，孝昭帝不仅面容憔悴，饭食也减少了。名医徐之才在为娄太后针灸时，孝昭帝不由得握紧了双拳代母受痛，以至手指都掐进了掌心，双手流血。后来，娄太后的病治好了，可孝昭帝却不久就病逝了。留下遗言说，所遗憾的只是没能亲眼看到母亲的陵墓修好。孝昭帝生性极孝达到那样的地步，但他这样不懂忌讳，这都是由于他没有学问造成的。如果他事先知道古人讥笑那些说假如母亲死在自己之前，他一定为她悲哭的人的话，他就不会再说这样的话了。孝顺本来是各种行为中最重要的，尚且需要通过

学习才能做得更好，更何况其他的事情呢！

（四）劝学

【原文】

夫明《六经》之指①，涉百家之书，纵不能增益德行，敦厉风俗，犹为一艺，得以自资。父兄不可常依，乡国不可常保，一旦流离，无人庇荫，当自求诸身耳。谚曰："积财千万，不如薄技在身。"技之易习而可贵者，无过读书也。世人不问②愚智，皆欲识人之多，见事之广，而不肯读书，是犹求饱而懒营馔③，欲暖而惰裁衣也。

（选自《颜氏家训·勉学》）

【注释】

①指：同"旨"。意思，意图。②问：管，论。③营馔：做食物。

【训练】

1. 下列各组加点字中，意思相同的一组是（　　）

A. 犹为一艺／是犹求饱而懒营馔

B. 涉百家之书／明《六经》之指

C. 无过读书也／人恒过，然后能改

D. 涉百家之书／乃丹书帛曰

2. 理解与运用

（1）句子"当自求诸身耳"中，"诸"字意为：_____。请从我们所学文言文中再举一例：_____

（2）句子"夫明《六经》之指"中，"夫"字意为：_____。请从我们所学文言文中再举一例：_____

3. 翻译句子

（1）积财千万，不如薄技在身。

(2) 是犹求饱而懒营馔，欲暖而惰裁衣也。

【参考答案】

1. B 结构助词"的"（A 还，仍然／如同，好像 C 超过／犯错误 D 书，名词／写，动词）

2. (1) 兼词，相当于"之于"。投诸渤海之尾。(2) 句首发语词，表示下文将发表议论。夫战，勇气也。

3. (1) 积蓄千百万的钱财，也不如学会一种小小的技术。

(2) 这就像想吃饱肚子，却又懒得做饭，想暖和身体，却又懒得裁衣一样。

【参考译文】

明白了《六经》的意旨，涉猎了百家的著作，即使不能提高人们的品德行为，使人世的风气敦厚，但它仍是一种学问，靠它来养活自己。父亲兄长是不能长依靠的，家国也不能永保太平，一旦流离失所，无人保护的时候，那就只能靠自己了。谚语说："积蓄千百万的钱财，也不如学会一种小小的技术。"各种技术中最容易学习又最为可贵的，莫过于读书了。世上的人们，不论愚蠢还是聪明，都愿意结识更多的人，见识更多的事，可就是不愿意去读书。这就像想吃饱肚子，却又懒得做饭，想暖和身体，却又懒得裁衣一样。

(刊于《语文学习报》2010年5月3日第44期)

《负米之恨》阅读训练

【原文】

唐太宗谓长孙无忌等曰:"今日吾生日,世俗皆为乐,在朕①反成伤感。今君临天下,富有四海,而承欢膝下永不可得,此子路所以有负米之恨②也。《诗》云:'哀哀③父母,生我劬劳④。'奈何以劬劳之日更为宴乐乎?"因泣数行下,左右皆悲。

(选自清·张镒《浅近录》第一卷·事父母)

【注释】

①朕:秦始皇以后专用为皇帝的自称。②恨:遗憾。③哀哀:表示怜悯和同情。④劬劳:劳累,劳苦。劬,读qú。

【训练】

1. 解释下列句中加点的词

(1) 此子路所以有负米之恨也。_____

(2) 因泣数行下_____

2. 请从文中找出两判断句

(1) _____

(2) _____

3. 翻译句子

奈何以劬劳之日更为宴乐乎？

_____

4. 你知道"子路负米"的故事吗？请简要概括其内容。

_____

_____

【简析】

老年人过寿乃人生四大喜事之一，但唐太宗对此却有迥乎常人的理解和表现，不能不启人深思。的确，普天之下的母亲们十月怀胎，一朝分娩，孩子降生之日正是自己饱受痛苦之时。那么，作为子女，又有什么理由来为庆祝自己的生日而摆酒设宴呢？宋人程颐有言曰："人无父母，生日当倍悲痛，更安忍置酒张乐以为乐？若具废者可矣。"意思是说：人没有了父母，在生日那天应该更加感到悲痛，哪还摆下酒宴奏起喜乐取乐呢？如果有父母，就废除自己的生日庆祝就行了。但令人不可思议的是，当今有不少正处于纯消费时期的学生，也在自己生日时摆酒设宴、互相庆贺，且有愈演愈烈之势，其规模之大、档次之高，也令人咋舌。结合本文，我们当作何感想呢？

【参考答案】

1. (1) ……的原因 (2) 眼泪

2. (1) 今日吾生日。(2) 此子路所以有负米之恨也。

3. 为什么还要在父母如此辛劳的日子里摆宴取乐呢？

4. 子路生长在非常贫穷的家庭里，吃得不好，穿得也不好。他怕父母营养不够，为了让父母能吃到米饭，他要到百里之外才能买到米，背回家奉养父母。虽然是这样辛苦，但是子路甘之如饴，孝敬之心始终没有间断和停止过。后来他的父母先后过世了，子路也发达了，楚王供给他许多车辆、粟米，坐的时候铺设锦垫，吃的时候鸣钟列鼎，他说："现在我即使再愿意吃野菜、为双亲背米,也已经不可能了。"

【参考译文】

唐太宗对长孙无忌等人说:"今天是我的生日,世俗中都认为该高兴,而对于我却非常伤感。现在我是一国之君,拥有整个国家,但是在父母膝前尽孝的机会却永远都没有了,这就是子路为什么会有遗憾的缘故啊。《诗经》上说:'可怜我的父母,如此辛苦地生下我。'我们为什么还要在父母如此辛劳的日子里摆宴取乐呢?"说到这里流下泪来,左右众人都感到很悲伤。

(刊于《山东教育报·中学生》2010年12月合刊)

现代文

《爱藕说》阅读训练

【原文】

映日荷花,接天莲叶,亭亭莲蓬和雪白的藕,本是四位一体的。

古往今来,爱皎皎荷花者有之,咏田田莲叶者有之,赞点点莲子者有之。偏心的诗人哟,为什么厚此而薄彼?为什么不肯为嫩藕多唱几支短歌?

当然,粉荷出淤泥而不染,莲叶儿团团如盖,莲蓬实心,莲子清香,自能牵惹诗情,逗发诗兴。殊不知,嫩生生的藕,是藏在泥水深处的诗题。

藕,自生于世间,便委身水下,不见日月,在浊泥污土的围困中生活。一旦出淤泥,却洁似玉,白如雪,一尘不染。不是贞洁操守,孰能如此?它孔窍玲珑,称得起虚心;它居下而有节,可谓贫贱不移;它虽然柔嫩,藕芽儿却能穿透清泥碧水,劲挺起翡翠一般的花梗,托起红花碧叶,算得上柔中有刚。

古人将农历六月二十四日,奉为荷花生日,而默默困顿于泥水里的藕,谁知它生于何时?它孕出藕芽,长大开花,再生出莲子,以续生生之脉,谁知它年寿几何?它节节横生,从不跟花叶争宠夺艳;甘居地下,无日无夜地托着花儿叶儿,像是母亲的玉臂搂抱着幼子,谁知它有几多辛劳?

李时珍在《本草纲目》中称藕为"灵根",是寓含深意的。藕入药不仅可止泻、止痛、散瘀、生肌,据说服食藕粉还可以延年。藕粉,如今已成为小儿哺乳期所常用的食物。藕,不仅孕育着嫩荷,而且哺养着天下幼儿,功勋何其卓著!

给我一支生花的诗笔吧,我想寻找动情的诗句,写给养育那荷花的母亲——玉藕;也想把真挚的感情献给千千万万劳动妇女——伟大的含辛茹苦的母亲!

(韩静霆 文)

【阅读训练】

1. 看到本文题目,便自然想起一篇古文——《爱莲说》,其作者是(　　),(　　)朝人。说,是一种文体,通常借某一事物说明道理。如我们学过的《　　　　》、《　　　　》等。

2. 阅读文章第1自然段回答:

(1)"映日荷花,接天莲叶"出自杨万里的《晓出净慈寺送林子方》,其原句是:_____,_____。

(2)"四位一体"中,"四位"指_____,"一体"指_____。

3. 文章第2自然段中说"古往今来,爱皎皎荷花者有之,咏田田莲叶者有之,赞点点莲子者有之",试从所学古诗文中各举一个句子。爱荷花:_____;咏莲叶:_____;赞莲子:_____。段中"厚此而薄彼"中"此"指_____,"彼"指_____。

4. 阅读文章第4自然段回答:

(1)本段写出了"藕"的特点,和《爱莲说》中写"莲"特点的句子有异曲同工之妙，《爱莲说》是如何写"莲"的？_____，_____，_____，_____，_____，_____。

（2）段中"贫贱不移"化用孟子"贫贱不能移"之句，其原句为："_____，贫贱不能移，_____，此之谓大丈夫。"

5. 文章最后卒章显志，借"藕"赞美"伟大的含辛茹苦的母亲"，这在写法上叫做_____。在此，也请你向自己的母亲说句心里话，以表达感激之情。_____。（也可借用古诗文名句）

【参考答案】

1. 周敦颐 宋《马说》《黄生借书说》《捕蛇者说》

2. （1）接天莲叶无穷碧，映日荷花别样红 （2）荷花 莲叶 莲蓬 藕 莲

3. 惟有绿荷红菡萏，卷舒开合任天真。江南可采莲，莲叶何田田。旋折荷花剥莲子，露为风味月为香。荷花 莲叶 莲子 藕

4. （1）出淤泥而不染，濯清涟而不妖，中通外直，不蔓不枝，香远益清，亭亭净植 （2）富贵不能淫 威武不能屈

5. 托物言志 "心里话"不设统一答案，符合要求即可。古诗句如："谁言寸草心，报得三春晖。"

（1999年7月获《中学生阅读·初中版》所举办"现代文阅读训练"征文比赛二等奖）

《伸入灵魂的路》阅读训练

【原文】

①那一天,我在一个笔会上遇见了他。当时,他是在妻子的陪同下,坐着轮椅来到会场的。我们在跟他交流的时候才知道,他除了写作,还酷爱收藏连环画。因此,他经常独自摇着轮椅,往返将近5公里的路程,到文化市场的旧书摊上淘书。

②而更令我们惊讶的是,从小患有小儿麻痹且没有进过一天学校,一直依靠轮椅行走的他,最近却创作完成了一部长篇历史小说,而且已经有投资方准备将其拍摄成电视剧。

③当我问他是如何走上文学创作这条道路的时候,他却微笑着对我说:"尽管我的双腿残疾,但是在我很小的时候,父亲已经在我的灵魂深处铺下了一条小路。虽然它还有些崎岖,但是他却通往一个遥远的世界。而我也就是一直沿着父亲为我铺下的那条小路,努力走下去罢了。"

④然后,他就对我们讲述了他小时候的一段经历:

⑤从记事的时候起,他就只能坐在一辆简易的轮椅上,羡慕地看着小伙伴们快乐地嬉戏。那辆轮椅,是他父亲伐倒一颗小桃树,然后用桃木为他制作的。

⑥当时,曾有不少邻居问过他的父亲:"你怎么舍得伐倒一棵桃树,

用外面的槐树不是一样吗?"

⑦父亲很认真地说:"桃木祈福,为了孩子,一颗桃树算啥哩。"

邻居们听了以后,都赞同地点一点头。他们顺便摸一摸他的小脑瓜说:"小家伙将来一定会有出息。"

⑧每天,他最喜欢的事情,就是让母亲把他推到门口,凝视着那些美丽的小鸟儿在柳树的叶丛里飞来飞去,或捧着一本别人用过的旧课本,不厌其烦地翻读。

⑨在他13岁生日的时候,父亲为他购买了一辆铁制的,可以自由活动的轮椅。他感觉自己像一下子长上了双翅,能够自己掌控着轮椅来到门外的那条小路上。他甚至可以摇着轮椅,到达离家200米远的一片小土坡前,那也是当时他能够到达的最远的地方。那个小土坡有五六米高,非常陡,即使父亲也很难将他和轮椅一起推上那个土坡。

有一次,他问父亲:"门口那条小路有多长呢?"

⑩父亲告诉他说:"他伸向了很远的地方。"

⑪听了,他非常失望地说:"可是我只能守在那个土坡前。"

⑫父亲沉默了。

⑬农忙过后,父亲便带上了工具,推着独轮车来到那个土坡上,开始动手挖土。过路的人不解地问:"你挖土干啥呢?"父亲一边擦着额头的汗,一边笑着告诉他们,他准备将屋后那一片洼地垫起来,然后种植上果树。随着屋后那一片洼地在一天一天地变高,那个小土坡也在一点一点地变矮。

⑭两个月后的一个早晨,父亲掩饰不住内心的喜悦对他说:"再过5天就是你的生日了,你猜我想送你一件什么样的礼物呢?"

⑮他猜了很多东西,结果都被父亲摇头否定了。

⑯吃过早饭,父亲陪他一起到那个土坡前。他发现父亲在土坡上挖的那个大豁口已经贯通了,而且父亲还将豁口的路面平整过了。

父亲就在一旁鼓励他说："你试试看，自己能不能过去。"

⑰他没有费太多的力气，便穿过了那个豁口。外面的风景，在他眼里豁然开朗。他兴奋地呼喊起来。继而，他明白了父亲的心思，眼泪夺眶而出……

⑱6年后，他创作的处女作《伸入灵魂的路》发表在当地日报的副刊上。不久，他收到了5元的稿费，这是他写作的第一笔收入。

⑲他用5元钱的稿费，为父亲购买了两瓶白酒。在那个晚上，父亲喝的红光满面，而后无比欣慰地说："喝了这酒，俺已经知足了，那条路算没白修。"

⑳我们听他讲述完这段经历，一个个都感动不已。

㉑随后，他异常动情地说："就在翻过土坡的那一刻，我知道自己也会拥有一个广阔的天空。我不再为自己的残疾感到自卑。尽管我仍'走'的很慢，可是我的灵魂中却有一条坚实的道路，我会勇敢地'走'下去。"

(选自《思维与智慧》2009年第16期 矫友田 文)

【阅读训练】

1. 根据文章第②自然段的叙述，可以看出"他"是一个怎样的人？

2. 如何理解第⑦自然段"父亲"的"认真"和第⑫自然段"父亲"的"沉默"？

3. 文章第⑰自然段中说"他明白了父亲的心思"，"父亲的心思"是什么？

4. 文中"父亲"是一个怎样的人？

5. 文章以"伸入灵魂的路"为题有什么深刻含义？

6. 文章最后一段说："随后，他异常动情地说……"，请用自己的话概括出他的所"动"之"情"。

【参考答案】

1. 他是一个身残志坚、有毅力，能按照既定目标不断前进的人。

2. "认真"写出了"父亲"对孩子的祈福是发自内心的、是虔诚的，体现了父亲对孩子的挚爱；"沉默"则表现了"父亲"对孩子爱莫能助的痛苦与无奈，是纯真的爱子之情的自然流露。

3. 为满足孩子简单的愿望而不惜力气挖通土坡，让孩子看到外面的风景。

4. 能为孩子的健康成长奉献毕生心血的慈父。

5. 指出了"父亲"在自己的成长过程中所发挥的不可替代的作用，表达了对"父亲"的感激、尊敬与爱戴，揭示了文章主题。

6. 我一定要在属于自己的人生之路上努力拼搏、积极进取，以骄人的成绩回报父亲对我的付出和期望。

（刊于《考试指南报》2011年3月17日第36期）

《开镰》阅读训练

【原文】

夏天刚走,秋色就悄悄点染了山村万物。

高粱红了,瓜果熟了,岩坎上的野山菊摇荡着粉黄的花朵,远远地就闻到了她的清香。

最按捺不住激动的是满垅沉甸甸的稻穗,在和风拂动下,身姿摇曳,泛起层层金色的波浪。忽然,又齐刷刷地勾下头,宛若待嫁的村姑,一副羞答答的可人样。

这时候,父亲最忙,一天几次往田边跑。晨曦里,看几回;夕阳下,又看几回。他走上田埂,弯腰捋一束稻穗,摊开手掌吹吹,然后瞪大眼睛默默地数着饱满橙黄的谷粒:一、二、三……一抹阳光洒在他脸上,那眼神,就像看自己的孩子即将呱呱落地一样陶醉。

稻香氤氲的夜晚,月亮似乎格外圆润。月光里,我又看见父亲蹲在老屋的墙根磨刀。他轻轻给镰刀溅上水,弯弯的刀叶开始在磨刀石上有节奏地滑动,随着父亲的双臂一屈一伸,锈迹渐渐褪去;月色下,锃亮的刀口银光闪烁。

"老倌子,喝口水。"母亲递上一杯凉茶。

"等一等,"父亲摆摆头,"明天开镰啦,还有好几把呢!"

听得出,"开镰"二字是从父亲的心底迸出来的,他喜凝眉梢,满脸惬意。

父亲一年到头晴耕雨作,指望的就是新谷满仓。还是在大雪纷飞的除夕夜,父亲抬眼望望窗外,喃喃自语:好啊,瑞雪兆丰年。紧接着焚香秉烛,双掌合十,祭拜天地神灵,祈祷来年五谷丰登。早春的日子,霏霏细雨像筛糠似的下。父亲头戴斗篷,身披蓑衣,胸前挂只盛满了种子的小箩筐,伸手从筐里抓一把刚刚出生娇黄嫩芽的种谷,在秧田的上空抛出一条条弧线,播下一年的丰收梦。六月天,烈日当空,田里的禾苗被炙烤得无力地垂下了颀长的叶片。他跳上水车,拼命蹬动车轱辘,流水和着他的汗水,哗哗地灌满了新月形的梯田。日子一天天过去,田垄里青了又黄,父亲倚门远眺,满垅的稻香仿佛爬到了他的鼻尖上。

终于开镰了。

黄澄澄的田畴上,"嚓嚓嚓嚓"的割禾声由近而远,仿佛在频频传递泥土的回报。父亲弯腰挑起刚打下的第一担新谷,试试,觉得很沉,朗朗地笑了。一担担带着泥土香味的谷子,伴随父亲吱吱呀呀晃动的扁担,渐渐堆满了老屋前面的晒谷坪。

秋阳如虎,偏西的日头还是那样炽热灼人,父亲浑身没剩一根干纱。许是太累,他抓起搭在肩上的罗布手巾抹抹汗,蹲在树荫下,吧嗒吧嗒抽起了自卷的"喇叭筒",目光却一直定定地盯着晒谷坪里山尖似的谷堆,黝黑的脸庞上溢满了自信。

我知道,此刻在父亲心里,他收割的不只是耕雨播雨的回报,也是来年的踏实与祥和。

父亲躬身捧起一把谷子凑到鼻尖闻了闻,沉思片刻,又慢慢张开五指,任由谷粒从指缝间簌簌地洒落下来。也许他又在盘算播撒明年的一片新绿了。

突然,父亲掐灭烟蒂,霍地走起来,把我叫到他身边问:

"看见了吗?"

"看见什么?"我一脸茫然。

"你看坪里大堆小堆的谷,这就叫堆金积玉。"父亲读过私塾,常常搬出旧书上的这类句子教育我。

我笑了笑,不以为然。他的脸霎时一沉:"你呀,懵懵懂懂,只怨种田没出息",瞟了我一眼,又说,"其实,你想想喽,泥巴一尺深,翻过来有黄金呢!"

一阵清风掠过,驱散了周身的燥热。我呆呆地站立,半晌无语,抬眼望望对面那片绿了又黄,黄了又绿的梯田,一种感觉倏忽而生:父亲没有传奇,一生的精彩长在地里。

(选自《语文报》2010年12月13日第50期 周克武 文)

【阅读训练】

1. 秋天是收获的季节,文章通过多种感官写出了农人对秋天的希冀和赞美,试各举一例(短语或句子)

视觉:_____

嗅觉:_____

听觉:_____

触觉:_____

2. 指出下列句子所使用的修辞手法

(1) 夏天刚走,秋色就悄悄点染了山村万物。(   )

(2) 沉甸甸的稻穗忽又齐刷刷地勾下头,宛若待嫁的村姑。(   )

3. 请从文中找出一过渡句
_____

4. 文章在记述农人盼秋、收秋的过程中,回忆了父亲一年到头辛勤劳作的情景,这在叙述方式上属于_____。

5. 文章后半部分写父亲把收获的新谷堆满了晒谷坪,并说"你看坪里大堆小堆的谷,这就叫堆金积玉",由此,我们可联想到孟浩然《过故人庄》中的两句诗:_____。

6. 文章通过_____、_____、_____、_____等多种描写手法为我们刻画了"父亲"这一感人形象,文章最后又说:"父亲没有传奇,一生的精彩长在地里。"由此可以看出父亲是一个怎样的人?

_____

【参考答案】

1.(答案不唯一,符合要求即可)示例:

视觉:夏天刚走,秋色就悄悄点染了山村万物。

嗅觉:稻香氤氲 带着泥土香味的谷子

听觉:黄澄澄的田畴上,"嚓嚓嚓嚓"的割禾声由近而远,仿佛在频频传递泥土的回报。

触觉:秋阳如虎,偏西的日头还是那样炽热灼人,父亲浑身没剩一根干纱。

2.(1)拟人 (2)比喻

3. 父亲一年到头晴耕雨作,指望的就是新谷满仓。

4. 插叙(补叙)

5. 开轩面场圃,把酒话桑麻。

6. 描写手法:动作、神态、语言、心理、外貌(写出四种即可)父亲是一个辛勤劳作、亲近土地、期盼丰收而又憧憬未来的农人形象。

(刊于《考试指南报》2011年4月7日第39期)

《收购梦想》阅读训练

【原文】

①卡夫卡博士带着他的几个助手,开着车子来到 K 城。打着"给我一个梦想,送你五十万!"这样的诱人广告语的车子,满城跑着,把 K 城的很多眼珠子都吸引过来。车上的喇叭里一个劲儿地播放着:"收购梦想"。最后,车子停在了 K 城的广场上。

②一群人很快就围了上来。卡夫卡觉得时机已经成熟,就拿出个仪器来。这仪器有些像医生的听诊器,只是那个金属小圆饼被换成了玻璃容器。

③有好几个人伸手想去摸那个仪器,卡夫卡连忙高高举起了它,说:"君子动口不动手!"

④"那怎么个收购法?"一个戴眼镜的老头问道。

⑤卡夫卡说:"其实很简单,你把你的梦想卖给我,我把我的钱付给你!"

⑥"你买去有什么用呢?"

⑦"不好意思,这是商业机密,无可奉告。"

⑧"那如果我把我的梦想卖给你,我还能再有梦想吗?"

⑨"你这个问题问得很有水平,这也是我们这个买卖的关键所在。"卡夫卡推了推眼镜继续说,"理论上,你是可以重新拥有梦想的。但事

实上，你不能再有了，因为在买卖之前，我们需要签订一份合同。合同规定你不能再有梦想。如果你违反合同，那要付十倍于收购款的违约金。"

⑩人群里很快发出一阵"哦"的声音。

⑪很多人依旧围在卡夫卡身边，却没有一个人和卡夫卡谈买卖。

⑫就在这个时候，一个乞丐走了过来。有几个小青年忙着怂恿乞丐，让他把梦想卖给卡夫卡。那个乞丐很快就点头同意了。

⑬"有句话说'顾客就是上帝'，请不要介意，你的确是位特殊的'上帝'——你完全有可能违约而付不起违约金。"卡夫卡说，"但考虑到你是我的第一个'上帝'，我还是决定和你做这笔买卖。"

⑭在签合同的时候，那个乞丐居然脸红地说："我不会写字，也没名字，按个手印可以吗？"

⑮卡夫卡的第一份合同，就被这个乞丐用红手印给"签"下了。

⑯卡夫卡拿出了梦想的价格表。总统梦，50万；科学家梦，40万；歌星梦，30万……

⑰人群里又是一阵骚动。他们忙着让乞丐说梦想当总统。

⑱"我的梦想是当总统。"乞丐大声地说了出来。

⑲那个戴在乞丐头上的仪器，马上闪烁起红灯，"呜呜"地叫了起来，把乞丐和旁边的人吓了一大跳。卡夫卡说，"请说出你的真实梦想。"

⑳乞丐的脸又红了。他说："我梦想有间房子，能够吃上白米饭。"

㉑那个仪器，绿灯闪烁。卡夫卡把那个梦想编上号，存进了电脑芯片里。

㉒然后，按照价格表，卡夫卡拿出了1万块钱，并在乞丐的手臂上套上一个金属环。卡夫卡解释说，这是个监控器，当你想再次拥有梦想的时候，它就会发出警报。

㉓见到这么多的钱，乞丐早无心听卡夫卡说什么了，一把抓过钱，

跑进了对面一家餐馆，人群里爆发出雷鸣般的掌声。

㉔接下来的买卖就出奇顺利。广场上的人们忙着把自己的梦想卖给卡夫卡。

㉕场面甚至一度失控。几名警察忙着维持秩序。等明白过来怎么回事之后，他们趁机把自己的梦想也给卖了。

㉖连妇幼保健医院出生不久的婴孩，都被他们的父亲抱着打车过来卖梦想了。等他们赶到现场的时候，才明白孩子实在太小，还不会说梦想，只好遗憾地回去了。

㉗这样的收购持续了两个星期，K城几乎所有的人都把梦想卖给了卡夫卡。卡夫卡在漆黑的深夜，一个人偷偷地先溜走了。

㉘但没过多久，人们就觉察出问题来了。他们觉得现在的K城，变得越来越死气沉沉，没有了一丁点儿活力。

㉙终于，有人找出了问题的根源：K城人的梦想，被一个叫卡夫卡的人收购走了，K城已经变成了一座没有梦想的城市。

㉚K城的人们，只好满世界开始寻找卡夫卡……

(选自《青春》金晓磊 文)

【阅读训练】

1. 文章第⑨自然段中画线句说明了什么问题？

2. 对于文章第⑯自然段列出的"梦想价格表"，你是怎样理解的？

3. 文章先写一个"乞丐"卖出了自己的梦想，又写"广场上的人们"和"警察"也相继卖出了自己的梦想，最后又说"连妇幼保健医院出生不久的婴孩，都被他们的父亲抱着打车过来卖梦想"，这一现象，反映了人们怎样的心理状态？

4. 本文通过奇特而合理的想象，告诉了我们一个什么道理？

5. 根据文章的线索和结构，试填写下图（每个括号内不超过两个字）。

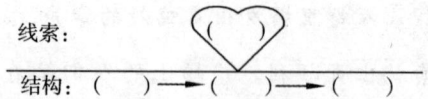

6. 文章结尾写人们找出问题的根源后,开始满世界寻找卡夫卡。前文_____、_____两自然段的问答已为此埋下伏笔。

7. 与"……车子,满城跑着,把K城的很多眼珠子都吸引过来。"所用修辞手法不同的一项是(   )

A. 上面坐着两个老爷,一个是马褂,一个是西装。

B. 独有英雄驱虎豹,更无豪杰怕熊罴。

C. 吟罢低眉无写处,月光如水照缁衣。

D. 我们的时代需要千千万万个雷锋。

【参考答案】

1. 说明了"梦想"对于一个人的重要意义。

2. 一个人的梦想越大,他的干劲儿就会越大,而其人生的收获也就会越大,所以,对于收购梦想着来说,价格自然就不一样。

3. 反映了人们急功近利的心理,他们只顾眼前利益,丝毫不考虑以后的利害得失。

4. 人不仅要有自己的梦想,同时还要为实现自己的梦想而努力奋斗,这样,人生才会因充实而美丽。

5.

6. ⑧⑨

7. B.(分析:题干句子中"眼珠子"为部分代整体的借代,借代讲究相关性。如A中"马褂"、"西装"是形象代本体的借代;C中"眉"

是部分代整体的借代，与题干句完全相同；D 中"雷锋"是专名代泛称的借代。而 B 中"虎豹"、"熊罴"则是比喻中的借喻，指像"虎豹"、"熊罴"一样的恶人和坏人。比喻讲究相似性，暗喻和借喻都可以还原成明喻"……像……"的形式。）

（刊于《考试指南报》2011 年 5 月 13 日第 44 期）

《妈妈很早就醒了》阅读训练

【原文】

①我上床的时候是晚上 11 点，窗户外面下着小雪。我缩到被子里面，拿起闹钟，发现闹钟停了——我忘记买电池了。天这么冷，我不愿意再起来，就给妈妈打了个长途电话："妈，我的闹钟没电池了，明天还要去公司开会，要赶早，你 6 点的时候给我打个电话叫我起床吧。"妈妈在那头声音有点哑，可能已经睡了，她说："好。"

②电话响的时候我在做一个美梦，外面的天黑黑的。妈妈在那边说："小桔，你快起床，今天要开会的。"我抬手看表，才 5 点 40。我不耐烦地叫起来："我不是叫你 6 点叫我吗？我还想多睡一会儿呢，被你搅了！"妈妈在那头突然不说话了，我挂了电话。

③起来梳洗好，出门。天气真冷啊，漫天的雪，天地间茫茫一片。在公车站台上，我不停地跺着脚。周围黑漆漆的，我旁边却站着两个白发苍苍的老人。我听着老先生对老太太说："你看你一晚都没有睡好，早几个小时就开始催我了，现在等这么久。"

④是啊，第一趟班车还要 5 分钟才来呢。终于，车来了，我上了车。开车的是一个很年轻的小伙子，他等我上车之后就轰轰地把车开走了。我说："喂，司机，下面还有两位老人呢。天气这么冷，人家等了好久，

你怎么不等他们上车就开车?"

⑤那个小伙子很神气地说:"没关系的,那是我的爸爸妈妈!今天是我第一天开公交车,他们是来看我的!"我突然就哭了。我看到爸爸发来的短消息:"女儿,妈妈说,是她不好,她一直没有睡好,很早就醒了,担心你会迟到。"

⑥忽然想起一句犹太谚语:

⑦父亲给儿子东西的时候,儿子笑了。

⑧儿子给父亲东西的时候父亲哭了。

(选自《时代邮刊》2010年第12期 小桔 文)

【阅读训练】

1. 文章第②自然段末尾说:"妈妈在那头突然不说话了。"请写出"妈妈"此时的心理活动。(不少于30字)

_____

_____

2. 文章一再写到"天气寒冷",这对于文章表现主题有什么作用?

_____

3. 文章围绕"妈妈很早就醒了"写了两件事,对这两件事关系的说法,正确的是(　　)

A. 两件事是并列关系,都歌颂了母爱的伟大。

B. 两件事是层进关系,第二件事是对第一件事的深化。

C. 第二件事从属于第一件事,文章以第一件事为主,以第二件事为辅。

D. 第二件事是对第一件事的补充、拓展与延伸,说明普天下的母爱都是一样伟大而无私的。

4. 请指出文章中几处对比的写作手法(至少写出3处)

_____

5. 对于本文的线索，说法正确的是（　　　）

A. 以"母爱"为线索

B. 以"我的行踪"为线索

C. 以"感受母爱的心理变化"为线索

D. 以"寒冷的天气"为线索

6. 文章以一句体现父慈子孝亲情的犹太谚语作结。请你也写出一句赞美天下父母心的谚语、名言或诗句来表达对父母的热爱与感激。

【参考答案】

1. 不拟标准答案。（可围绕"因提前 20 分钟叫醒孩子受到孩子抱怨而自责"和"孩子不理解自己而伤感"来写）

2. 反衬母爱的温暖与伟大。

3. D.

4. （1）"我"前后心理变化的对比。（2）伟大无私的母爱与"我"当初不理解的对比。（3）"我"不理解母爱与公交车司机理解母爱的对比。（4）寒冷的天气与温暖的母爱的对比。（5）母亲一直没睡好与"我"梦美睡酣的对比。（6）犹太谚语内容中的对比。

5. C.

6. 略。（符合要求即可）

（刊于《考试指南报》2011 年 5 月 19 日第 45 期）

下编 语文人生

茶余饭后——文化拾趣

探本穷源——说文解字

宿儒风采——与往圣为邻

下水示范——文学情结

第七章

茶余饭后
―――文化拾趣

话说"东、南、西、北风"

风，本是一种自然现象，但古往今来，在使用过程中，人们又往往赋予它某种特殊的含义，从而使不同风向的风又各自具有了不同的感情色彩。

东风，即东来之风。因为东方是太阳升起的地方，所以，在人们心目中，东风自然也就成了生机与活力的象征，成了一切美好事物的代名词。萨都剌在《百字令·登石头城》中说："东风辇路，芳草年年发。"意思是说，东风一吹，万物复苏，大地一片生机。而辛弃疾的"东风夜放花千树"与陈与义的"独立东风看牡丹"都形象地说出了东风作为报春使者给人们带来的精神上的愉悦感。另外，人们常说的"万事俱备，只欠东风"则把东风比喻为在事物发展中起决定作用的力量。而"东风吹马耳"则指对别人的好话毫无反应、无动于衷。由此看，"东风"的功用可谓大矣！

再说"南风"。因为它来自南方，所以又被人称为"暖风"。南宋诗人林升在《题临安邸》中就有"暖风熏得游人醉"之说。既为暖风，则可使谷物成熟，故唐代诗人李颀在《送陈章甫》中云："四月南风大麦黄，枣花未落桐叶长。"意即四月里南风一吹，大麦就要成熟了。此时，枣花虽然还未落尽，但由于气温升高，梧桐树的叶子已长得很大了。从二贤的佳句中，我们就不难理解南风的秉性了。

在西方，太阳落山。所以，提起西风，则给人以无限伤感之情。晏殊在《蝶恋花》中说"昨夜西风凋碧树"，意即一夜的西风吹来，使得一向旺盛的树叶都枯黄、凋零了，多么令人伤感啊！王实甫在《西厢记》中所描绘的"碧云天，黄花地，西风紧，北雁南飞"也给人以无限惆怅之情。于是，不少文人骚客便多把西风比喻为"秋风"。卢挚在《沉醉东风·秋景》中就说："散西风满天秋意"，是说秋风一来，便有了秋天的味道，正所谓"一叶落而知天下秋"。又"秋"、"心"——"愁"也，所以，提起"西风"，便自然引起了人们的离愁别绪：五代南唐中主李璟的"西风愁起绿波间"是"国愁"，辛词中"尽西风，季鹰归未"是"乡愁"，而易安居士"帘卷西风，人比黄花瘦"则是"离愁"……古人云："秋风秋雨愁煞人"，此言得之。

"北风卷地白草折，胡天八月即飞雪"是唐代大诗人岑参对北国肃杀天气的艺术描绘，而北风则是这一奇寒天气的"始作俑者"，所以，古人多把北风看作黑暗统治势力的象征。宋人郑思肖的"宁可枝头抱香死，何曾吹落北风中"，不仅是对菊花的热情讴歌和赞美，同时也暗示了自己绝不向敌人低头、宁死不屈的伟大人格。

（刊于《语文报》2009年4月20日第16期）

地名拾趣

五岭：指越城陵、都庞岭、荫渚岭、骑田岭、大庾岭，在湖南、江西南部和广东、广西北部交界处。据《华阳国志·蜀志》载：秦惠王知蜀王好色，特送他五个美女。蜀王派五个大力士去迎接。回到梓潼时，见一大蛇钻入山洞中，五力士共同抓住蛇尾往外拉，忽然间山崩地裂，把五个壮士和美女全埋在底下，山也分成了五岭，秦王因此打通了蜀地。

乌衣巷：在南京市秦淮河南岸，与朱雀桥相距很近。三国时这里曾是吴国护城卫队的营地，因士卒均着乌衣，故名乌衣巷。

二十四桥：旧址在今扬州西郊。相传古时有二十四个美人在此吹箫。杜牧《寄扬州韩绰判官》诗说："二十四桥明月夜，玉人何处教吹箫？"

香溪：水名，在今湖北省兴山县。西汉时属秭归县，为明妃王昭君故里。相传王昭君将要远赴匈奴时，与故乡的山水难分难舍。登舟前，她特意来到香溪河边洗漱，不慎将珍珠项链掉入水中，项链和着昭君洗去的脂粉，溪流从此香气飘逸，香溪也因此得名。

三秦：今陕西一带。本为战国时秦国旧地，项羽入长安（今西安），将它分为雍、塞、翟三国，封秦降将章邯等三人为王，号称三秦。

泸水：水名，今云南金沙江。据说泸水多瘴气，三四月渡之必死，五月以后稍好。故诸葛亮《出师表》有"五月渡泸"之说。

桃都山：传说在东南方，山上有桃都树，树枝间相距三千里，上有天鸡。每当朝晖照到树上，天鸡即鸣，天下的鸡也随之而鸣。李白《梦游天姥吟留别》云："半壁见海日，空中闻天鸡。"

回雁峰：在今湖南省衡阳市旧城南。相传大雁至此即止，不再南飞，春天再由此北返。

庐山：位于江西北部，屹立于长江岸边，紧靠鄱阳湖，又名"匡山"或"匡庐"。相传周武王时有匡俗兄弟七人结庐于此，他们都有道术，后来成仙而去，但空庐尚存，故有"庐山"之名。

黄鹤楼：建于公元223年，原址在湖北武昌蛇山黄鹄矶头。明王士贞、汪云鹏《列仙全传》云：三国时蜀汉大将军费祎成仙后，常到黄鹄矶头辛氏酒店吃酒，却从不付钱。后来，费祎用橘皮在墙壁上画了一只黄鹤，能起舞助兴，从此，辛店生意兴隆。又过了十年，费祎复来，曲笛吹奏，跨上云鹤直上云天。辛氏为了纪念黄鹤，在其地起楼，取名"黄鹤楼"。唐人崔颢有诗云："昔人已乘黄鹤去，此地空余黄鹤楼。"

五台山：山西五台山居我国四大佛教名山之首，有"金五台"之称，传说它是文殊菩萨的道场。五台山最早被称作五峰山。传说远古时代的五峰山常年酷暑，当地百姓苦不堪言。此情形被在那里讲经说法的文殊菩萨所见，他便到东海龙王那里寻求帮助，带回了龙宫门口一块能散发凉风的大青石。他把这块大青石放置山谷后，山谷瞬间就变成了水草丰美、清凉无比的天然牧场。隋文帝听说此事后，便下诏在五座山峰的台顶各建一座寺院供奉文殊菩萨，于是，五峰山也便慢慢被称作五台山了。

不肯去观音院：不肯去观音院位于浙江普陀山上。相传后梁贞明二年（916年），有一位日本僧人慧锷从五台山请得观音圣像回国，经普陀莲花洋时，突然狂风大作，波涛汹涌，船不能通行，慧锷以为观音不肯东渡去日本，于是便把观音圣像供奉在当地一户姓张的居民家中，后人扩建改造成观音院，被称为"不肯去观音院"，而普陀山也便慢慢发展为专门供奉观音菩萨的道场。

白马寺：居洛阳西门外，为我国第一座佛教寺院，东汉汉明帝所建。相传东汉永平十年（67年）的一个夜晚，汉明帝梦见一位头放白光的金神从远方飞来，降落在御殿前。第二天上朝时他把这个梦告诉了群臣，并询问这是何方神圣。有大臣告诉他西方天竺（古印度）有位得道的神，名字叫"佛"，能够飞身于虚幻中，并且全身放射光芒。于是，汉明帝便派使者西行去寻求佛法，从印度请来两位高僧，并用白马驮回许多经书，这就是"白马驮经"的故事，后来，汉明帝在洛阳西门外按天竺国式样修建了寺院，这便是白马寺。佛教由此传入中国。

武当山：武当山位于湖北省十堰市境内，又名太和山，为我国道教四大名山之一。相传远古时代，西方有一个美丽的净乐国，净乐国的太子生来聪明，读书过目不忘，练武一学就会。但他不肯继承王位，到处求师学道，想成仙升天。后来经玉清圣祖紫元君的点化，来到一座仙山修炼多年，成功升天，被封为"玄武上帝"。后人便将玄武修炼的仙山称之为武当山，意为"非玄武不足以当之"。

龙虎山：龙虎山位于江西鹰潭，原名云锦山，亦为我国道教四大名山之一。相传道教第一位天师张陵在此炼九天神丹，"丹成而龙虎现"，于是，云锦山便又得名为龙虎山。

齐云山：齐云山位于安徽省休宁县境内，亦为我国道教四大名山之一，有"江南小武当"的美誉。齐云山古时被称为"白岳"，风景绮丽，与黄山南北相望，自古就有"黄山白岳甲江南"之誉，因最高峰"一石插天，与云并齐"而得名。

（刊于《语文月刊》2010年第1期）

是什么挑逗了人们的乡思

千百年来,乡思一直是盘亘在羁旅之人心头的恒定的思绪,上至达官贵胄,下至百姓黎庶,概莫能外。其表现在文学作品中,也是一个永恒的主题。然而,事出皆有因,那么,在他们紧张而忙碌的羁旅生涯中,到底是什么引发了他们那浓浓的乡愁、挑逗了他们那悠悠的思绪呢?

夕阳

古代,"日出"与"日入"被认为是上天为人们"量身定做"的切实可行的作息时间表,即所谓"日出而作,日入而息"。在我国最早的一部诗歌总集《诗经》中就为我们留下了"日之夕矣,羊牛下来。君子于役,如之何勿思"的思妇牵挂征人的千古慨叹。那么,作为漂泊在外的不归人在异地他乡的日暮时分,眼望即将落山的夕阳又是一个什么心情呢?唐人崔颢在湖北武汉的黄鹤楼上远眺东北汴州(今河南开封)方向的家乡,只能望见"历历"的"汉阳树"和"凄凄"的"鹦鹉洲",而那薄暮时分浩渺的长江水却无情地带走了诗人悠悠的思绪,诗人欲归不得,便吟出了"日暮乡关何处是,烟波江上使人愁"的千古佳句,与孟浩然的

"移舟泊烟渚,日暮客愁新"有异曲同工之妙。而作为"秋思之祖"的元人马致远的"夕阳西下,断肠人在天涯"更是把自己的离愁别绪渲染到极致,同时又极大地震撼了多少古今游子的心。那一轮令万千游子黯然神伤的夕阳啊……

明月

明月,这一圣洁的意象,在中华文化中神圣而不可替代,它寄托了人们美好的理想和崇高的追求。试想:三五之夜,面对那一轮深蓝天空中的皎洁的圆月,你的耳畔是否又流淌起"十五的月亮,照在家乡照在边关。宁静的夜晚,你也思念我也思念"的优美旋律?虽然,"古人不见今时月",但"今月曾经照古人",古人对于月亮的遐想和寄情也丝毫不逊于今人。其中最为人们熟悉和称道的恐怕就是李白的"举头望明月,低头思故乡"了。另外,张若虚的《春江花月夜》中"谁家今夜扁舟子,何处相思明月楼"和"不知乘月几人归,落月摇情满江树"也都形象而巧妙地写出了征人思妇间的相思之苦。而张九龄的《望月怀远》则更是写出了一对有情人在"海上生明月,天涯共此时"之时在相思而不能相见之后不得不发出"还寝梦佳期"的惆怅与自慰。那一轮或圆或缺总关情的明月啊……

大雁

大雁乃候鸟,每年春分后飞回北方繁殖,秋分后飞往南方越冬。旧传鸿雁可传情,因此,那行列整齐的北归的雁阵又怎能不引发那些羁旅之人的仰望与嗟叹!隋人薛道衡虽居陈不久,但仍无法排遣自己对故乡的那份深深地眷恋,他在《人日思归》中动情地写到:"入春才七日,离家已二年。人归落雁后，思发在花前。"自己的思归之情溢于言表！唐人王湾经常往来吴中，在一年的除夕前夜行次到北固山下时，再也抑制不住自己的思乡之情，便为后人留下了"乡书何处达，归雁洛阳边"的千古绝唱。而孟浩然《秋登万山寄张五》中"相望始登高，心随雁飞灭"也深切地表达了自己的心已随着北归的大雁飞到家乡故友身边的思乡之情。那来去自由、令人无限称羡的大雁啊……

音乐

现代诗人席慕蓉说："故乡的歌是一支清远的笛，总在有月亮的晚上想起。"但，那远离家乡的游子不但不能搭乘那悠扬的旋律和那舞动的音符"即从巴峡穿巫峡，便下襄阳向洛阳"，却反而更拨动了他们那根思家的琴弦。你看，那伟大的边塞诗人王昌龄在军营中听到了改弹新曲的琵琶声仍是吟出"琵琶起舞换新声，总是关山旧别情"的凄楚和伤感。而诗画双绝、书乐具工、心胸豁达的王维在驻军边防仰望着城头的明月，耳闻着陇上的笛声亦不免"驻马听之双泪流"。以描写边塞生活知名的李益在《夜上受降城闻笛》中也形象而生动地描绘出"不知何处吹芦管，一夜征人尽望乡"的哀婉与凄苦。那撩拨征人思乡心弦的旋律啊……

(刊于《语文学习报·教师版》2010年11月15日第20期)

有趣的"文化搭档"

"搭档",本指某一活动过程中相互协作的人。殊不知,在文化范畴也有不少这样的"搭档"。

"刀"与"笔"

古时在竹简上写字,写错了,用刀刮再用笔重写。故古时的读书人及政客常常随身带着刀和笔,以便随时修改错误。因刀笔并用,历代的文职官员也就被称作"刀笔吏",也指撰写公文或状词的人,即谓其深谙法律之规则,文笔犀利,用笔如刀,往往使许多案件乾坤陡转,或无中生有,或大事化小、小事化了。后把代人写文章的行为叫做"捉刀"。

"筵"与"席"

古时皆指铺地藉坐的垫子,筵长席短。筵是铺在地上的竹制大席,而席也是用竹草编制的坐卧用具。古人席地而坐,把铺在底下的大席叫"筵",铺在上面的小席叫"席"。《周礼·春官·序官》:"司几筵下士二人。"郑玄注:"铺陈曰筵,藉之曰席。"贾公彦疏:"设席之法,先设者皆言筵，后加者为席。"孙诒让《正义》："筵长席短，筵铺陈于下，席在上，为人所坐藉。"因古人饮食宴会皆在筵席之上（《礼记·乐记》："铺筵席，陈尊俎，列笾豆，以升降为礼者，礼之末节也。"），于是，筵席便逐渐成为酒席的代称。五代王定保《唐摭言·散序》："曲江大会比为下第举人，其筵席简率，器皿皆隔山抛之。"或称"宴席"。后来，随着坐具的出现，人们席地而坐的习俗改变了，"筵"与"席"也就没有严格区别了，但床上铺的只叫"席"，而不叫"筵"。

"床"与"榻"

在古代都是指一种坐卧用具。床榻的历史可追溯至神农氏时代，《广博物志》记载："神农氏发明床，少昊始作箦，吕望作榻。"东汉许慎《说文解字》说："床，安身之坐者。"汉刘熙《释名·释床帐》"人所坐卧曰床。""长狭而卑者曰榻。"又说"施之承大床前小榻上，登以上床也。"就是说，"榻"是放在床前用来上床的，是一种比较矮小而狭长的坐卧用具。在南北朝之前（包括南北朝），床与榻皆是宜坐宜卧的坐卧用具。如汉乐府《孔雀东南飞》："移我琉璃榻，出置前窗下"（"榻"，指坐具）；晋李密《陈情表》："而刘夙婴疾病，常在床蓐"（"床"，指卧具）；南朝宋刘义庆《世说新语》："帝自捉刀立床头"（"床"，指坐具）。而从唐代开始，它们就逐渐演变成单一的卧具了。如唐杜甫《茅屋为秋风所破歌》："床头屋漏无干处，雨脚如麻未断绝。"（"床"，指卧具）；元末明初罗贯中《三国演义·群英会蒋干中计》："瑜曰：'久不与子翼同榻，今宵抵足而眠。'"（"榻"，指卧具）。

"觥"与"筹"

"觥"是古代的一种酒器，用兽角制成。《说文》："觵，兕牛角可以饮者也。从角,黄声。"《诗·周南·卷耳》:"我姑酌彼兕觥"。也有用木或铜制的,腹椭圆,上有提梁,底有圈足,兽头形盖。亦有整个酒器作兽形的,并附有小勺。"筹"是计数的用具,多用竹子制成,做行酒令的筹码,用以计算饮酒的数量。《说文》:"筹,壶矢也。从竹,寿声。"谓投壶之矢为"筹"。壶矢,古代投壶用的签子,形如箭笴。又《礼记·投壶》:"筹室中五扶。"《仪礼·乡射礼》:"箭筹八十。"唐欧阳修《醉翁亭记》:"射者中,弈者胜,觥筹交错,起坐而先喧哗者,众宾欢也。"则形容许多人聚会喝酒时酒杯和酒筹交互错杂的热闹场景。

"点号"与"标号"

古时候写文章是没有标点符号的,读起来很吃力,甚至产生误解。到了汉朝才发明了"句读"符号。即语意完整的一小段为"句",句中语意未完,语气可停顿的一段为"读"(读:dòu,相当于现在的逗号)。宋朝使用"。"、","来表示句读,可以说是我国最早的标点符号。

现今通用的标点符号可分为两大类:点号和标号。常用的点号有七种:句号(。)、问号(?)、感叹号(!)、逗号(,)、顿号(、)、分号(;)和冒号(:);标号有九种:引号(""'')、括号(()〔〕)、破折号(——)、省略号(……)、着重号(.)、书名号(《》〈〉)、间隔号(·)、连接号(—)和专名号(——)。标点符号是书面语言的重要组成部分,它不仅可以帮助我们分析句子结构,辨明句子语气,还可帮助我们确切理解文章的意义,从而使我们的文章变得多姿多彩、精深美妙。

(刊于《中学语文教学参考·初中版》2011年第3期)

以文咏志话"解忧"

魏武帝曹操在人生之暮感慨光阴易逝、功业难成时发出了"何以解忧,唯有杜康"的千古慨叹,这是暮年烈士之慨叹。那么,千古文人墨客、达官贵胄在陷入人生困境时又各是什么心态和表现呢?概括说来,主要有以下几种。

归隐田园型 代表人物:陶渊明

作为我国文学史上第一位以田园诗闻名的诗人,陶渊明一生曾任江州祭酒、镇军参军、彭泽县令等官职,但皆因性情耿介,不久便毅然归田,把田园看作是与腐朽现实对立的一片净土。在其《归园田居》中,他把统治阶级的上层社会斥为"尘网",把身处其中的自己比作"羁鸟"、"池鱼",把自己重返自然说成是冲出"樊笼",并动情地为我们描绘出"草屋"、"炊烟"、"犬吠"、"鸡鸣"等和谐优美的田园风光。在其《饮酒》中,人们更看出了诗人"结庐人境"、"心远地偏"、"采菊东篱"、"悠见南山"的心中"真意"。而在其托名五柳先生为自己写的自传中更突出了自己"好读书"、"性嗜酒"及"常著文章自娱"的自得其乐和虽然"环堵萧然"、"箪瓢屡空"但自己却"晏如也"的安贫乐道形象,表现了诗人对田园生活的喜爱和远离官场的恬淡。

寄情山水型 代表人物：柳宗元

  唐代古文运动的倡导者、"唐宋八大家"之一柳宗元曾参与王叔文的政治革新运动，失败后于唐顺宗永贞元年（805）被贬为永州司马，在那里一待就是十年。期间，柳宗元为排遣郁闷便纵情山水，写下不少诗文，以排遣自己的愁闷和凄苦，"永州八记"便是在这个时候创作的。在"八记"之首的《始得西山宴游记》中，作者便发出了"余之游将自此始"的沉重慨叹，表达了自己的失落与无奈。在其第四篇《小石潭记》中，作者用移步换景的手法描写了小石潭及其周围景物的清幽美妙，表现了作者"心乐之"的游赏乐趣，但这难得的"暂得一笑"很快便被其"四面竹树环合，寂寥无人，凄神寒骨，悄怆幽邃"的凄清环境给淹没了。由此，我们也便看到了诗人心境的底色、看到了这一封建不得志文人的孤寂与凄凉。

豪迈奋发型 代表人物：刘禹锡

  唐顺宗时，刘禹锡亦因参与王叔文领导的政治改革、反对宦官专权和藩镇割据失败而被贬，先后在朗州、连州、夔州、和州等南方边远地区为官二十多年。唐敬宗宝历二年（826），诗人罢和州刺史，回归洛阳，途径扬州，与罢苏州刺史的白居易相会。在酒席上，白居易吟诗《醉赠刘二十八使君》相赠。刘禹锡在自己的酬诗中首先紧承白诗尾联"亦知合被才名折，二十三年折太多"之句，表达了自己无限的辛酸和愤懑以及故友凋零、世事变幻的凄凉与惆怅。然后，宕开一笔，以"沉舟"、"病树"自喻，以"千帆"、"万木"比喻官场得意的人，于伤感中透出豪迈达观，且蕴含哲理，催人奋发。其尾联更表现出诗人自勉自信，表示要重新投入新生活的信心和勇气。

黯然神伤型 代表人物：李煜

李煜为南唐中主李璟的第六子，后继位为国君，世称唐后主。他在位十五年，年年向宋纳贡。975年，宋军攻破金陵（今江苏南京），李煜遂降宋，受封违命侯，后改封陇西郡公，被囚禁在都城汴京的一座深院小楼里，终日过着以泪洗面的日子。在其词作《相见欢》中，写在一个"月如钩"的"清秋"之夜，自己"无言独上西楼"时产生的"剪不断，理还乱"的离愁别绪，表现了自己心头那摆脱不去、难以形容和排遣的另一番滋味。而在其《虞美人》中同样表现了自己在"月明"之夜回首故国时产生的"恰似一江春水向东流"似的"几多愁"，委婉含蓄地抒发了自己的亡国之痛和对故国的怀念，作者的黯然之情可见一斑。

心怀天下型 代表人物：范仲淹

宋仁宗庆历三年（1043），任枢密副使、参知政事的范仲淹向仁宗皇帝提出了改革政治的十项主张，这就是后人所谓的"庆历新政"。但新政遭到了保守势力的强烈反对，庆历五年（1045），范仲淹便被贬放邓州（今河南巩县一带）。虽遭贬谪，但范仲淹"乐以天下，忧以天下"的心胸未改。他在庆历六年（1046）为遭贬岳州的好友滕子京写的《岳阳楼记》中就表达了自己探求"古仁人之心"、"不以物喜，不以己悲"的旷达胸襟和"先天下之忧而忧，后天下之乐而乐"的政治抱负。在这里，我们且不说他为民请命、直谏遭贬的坎坷仕途，就只看他终其一生时"身无以为殓，子无以为丧"的情形就足以令人扼腕称叹了。

与民同乐型 代表人物：欧阳修

宋仁宗庆历五年（1045），范仲淹、富弼、杜衍、韩琦等推行"庆历新政"失败，相继被贬。庆历六年（1046），欧阳修因上书为他们辩护，也被贬为滁州太守。被贬第二年，他便写下了脍炙人口的名篇——《醉翁亭记》。在这篇游记中，作者通过描写"山水之乐"、"宴酣之乐"、"禽鸟之乐"、"游人之乐"和"太守之乐"，展现出一幅作者理想中的封建社会"与民同乐"图，表现了作者的政治理想和随遇而安的旷达情怀，并含蓄委婉地表达了对朝廷和保守派的不满与愤慨。

春泥护花型 代表人物：龚自珍

龚自珍是中国近代思想家、文学家，他在清王朝表面繁荣之际，就指出了危机四伏的前景，称之为"日之将夕，悲风骤至"，极力呼吁改革。但他在政治上人微言轻，不受重视，空怀满腔抱负却无法施展。道光十九年（1839），48岁的他因厌恶仕途、触犯时忌，便毅然决然辞官归田。一路上，他把自己的所思所感都用鸡毛写在账簿纸上，共得诗三百一十五首，这就是著名的《己亥杂诗》。在其第五首中，诗人抒发了在白日西斜之时自己离开北京东城门时的满腹"离愁"。虽然如此，作者仍以"落红"自况，寄予自己"化作春泥更护花"的崇高使命感，表现了诗人不甘沉沦、憧憬未来的积极献身精神。

（刊于《语文学习报·教师版》2011年第16期）

趣说《后庭花》

晚唐诗人杜牧的《泊秦淮》中有两句流传千古的名句："商女不知亡国恨，隔江犹唱《后庭花》。"句中《后庭花》本是一首乐曲名，但为什么被后人称为"亡国之音"呢？这还要从南朝后主陈叔宝说起。

南朝陈后主陈叔宝在金陵不理朝政，荒淫腐化。曾作乐曲《玉树后庭花》（简称《后庭花》），曲中有"花开不复久"之语。后来隋朝大将韩擒虎率兵攻打陈国，已打到朱雀门外，而此时陈后主仍在同他的宠妃张丽华在结绮阁寻欢作乐。后陈为隋所灭。故杜牧在《台城区》中叹曰："门外韩擒虎，楼头张丽华。"北宋王安石在《桂枝香·金陵怀古》中也对此唏嘘不已："叹门外楼头，悲恨相续。"即借用此意，指出六朝亡国的伤心事不断重演，读之令人心酸。

另据《隋遗录》载：隋炀帝为太子时，曾在江都吴公宅醉梦陈后主，请后主宠妃张丽华舞《玉树后庭花》。舞毕，陈后主讽刺炀帝说："大抵人生各图快乐，曩时何见罪之深耶？"故晚唐李商隐在《隋宫》中有"地下若逢陈后主，岂宜重问《后庭花》"之说，意即炀帝与陈后主都因荒淫腐化而亡国，如地下重逢，当不好再问《后庭花》的事，讽谏之意深矣！

《旧唐书音乐志》曾提到杜淹对唐太宗说过这么一段话："前代兴亡，实由于乐。陈将亡也，为《玉树后庭花》，行路闻之，无不悲泣，所谓亡国之音也。"因此，《后庭花》也便成了亡国之音的代称。

五月天说"五"

五黄六月,五帝(黄帝、颛顼、帝喾、唐尧、虞舜)之五方(东、西、南、北、中)游。

泛五湖(太湖、兆湖、鄱阳湖、青草湖、洞庭湖),越五岭(越城岭、都庞岭、荫渚岭、骑田岭、大庾岭),览五岳(东岳泰山、西岳华山、南岳衡山、北岳恒山、中岳嵩山),达五洲(亚洲、欧洲、非洲、澳洲、美洲)。遍观人间五彩(即五色:青、黄、赤、白、黑),闻人间五音(宫、商、角、徵、羽),食人间五谷(稻、黍、稷、麦、豆),品人间五香(花椒、八角、桂皮、丁香花蕾、茴香子),历五鼓(即五更:一更、二更、三更、四更、五更)方休。屈五指(拇指、食指、中指、无名指、小指)计五官(耳、目、口、鼻、身/心)之闻感,始知人间五情(喜、怒、哀、乐、怨)五味(酸、甜、苦、辣、咸)。皆叹曰:"世间虽有五经(《诗》、《书》、《礼》、《易》、《春秋》)之教、五常(仁、义、礼、智、信)之约,然仍不乏五伦(君臣、父子、兄弟、夫妇、朋友)之乱,五刑(商周时代指:墨、劓、剕、宫、大辟;隋以后指:笞、杖、徒、流、死)之酷。更兼五霸(一说为:齐桓公、晋文公、宋襄公、秦穆公、楚庄王/另一说为:齐桓公、晋文公、秦穆公、吴王阖闾、越王勾践)为祸,五毒(蝎、蛇、蜈蚣、壁虎、蟾蜍)为患,纵有五行(音 xíng:金、木、水、火、土)、五金（金、银、铜、铁、锡）之能，亦不免五行（音háng：工、农、商、学、兵）中五体（两手、两膝、头）、五内（即五脏，也称五中：心、肝、脾、肺、肾）之劳。至若世间食五荤（大蒜、韭菜、薤、葱、兴渠）、律五戒（不杀生、不偷盗、不淫亵、不妄语、不饮酒）、泯五蕴（即五阴：色、受、想、行、识）者存焉，则尤为贵矣。

忆昔抚今，乃叹今之五讲（讲文明、讲礼貌、讲卫生、讲秩序、讲道德）、五爱（爱祖国、爱人民、爱劳动、爱科学、爱公共财物）为尤善矣。

(刊于《中学生读写》2001年第6期)

孔门为何被称为"儒"家

"儒"本为春秋时用诗书礼乐进行礼仪教育的知识分子,因为他们懂得奴隶制的礼节仪式,因此当奴隶主贵族有婚丧之事时,他们便去充当吹鼓手。

孔子小时候,家境贫寒。但孔母颜徵在知书达理,她为了让孔子恢复祖先显赫的家业,便对孔子进行了严格的家庭教育。不仅要求孔子学习西周的古文化,还要去学习贵族社会的礼仪制度。《史记·孔子世家》载:"孔子为儿嬉戏,常陈俎豆,设礼容。"就是说孔子小时候做游戏,常常摆起各种祭器,学做祭祀的礼仪动作。

随着年龄的增长和母亲的去世,为了维持生计,孔子虽然在思想上轻视劳动,但也不得已去干一些挑水弄菜、放羊牧牛之类的杂活儿。在贵族人家有婚丧之事时,还得去充当吹鼓手以补贴家用。在《论语·子罕》中孔子也说:"吾少也贱,故多能鄙事。"意即我小时候贫贱,所以会干许多卑贱的技艺。

随着社会的发展,社会分工的细化,社会上的一些吹鼓手便趋于稳定,而这一活动也便逐渐衍生出一个行业。每当人们需要时,他们便去从事这一祭祀活动。孔子曾对他的学生子夏说:"女为君子儒,无为小人儒。"这里的"儒"即是行业义,意思是要做儒中的君子,不做儒中的小人。因孔子也曾从事过这一职业，也曾是一个儒者，于是，后来孔子的学说也便被称为"儒家"学说。当然，这里的"儒家"已不再是一个行业，而是专指一个学派了。

(刊于《初中生世界》2009年1—2期)

时移世易话"君子"

今天,我们一提"君子",无疑指那些品德高尚之人。但在古代,"君子"的含义却不止如此。和其他事物一样,它也是随着时代的发展而变化的,所以,我们在使用过程中不能一概而论。概括地说,它有以下几个发展义项:

1. 古代贵族男子的统称

如:

(1)"彼君子兮,不素餐兮!"(《诗经·伐檀》)意思是:那些大人们啊,可不是白白吃闲饭的啊!句中"君子"即指"不稼不穑"、"不狩不猎"的贵族阶层。

(2)"君子劳心,小人劳力,先王之制也。"(《左传·襄公九年》)意思是:君子从事脑力劳动,小人从事体力劳动,这是前代君王的遗训。句中"小人"是统治阶级对劳动人民的蔑称。"制"即帝王的命令。

2. 统治者,做官的人

如:

(1)"无君子莫制野人,无野人莫养君子。"(《孟子·滕文公上》)意思是:没有官员,就没有人管理老百姓;而没有老百姓,就没有人养活官员。句中"野人"即"农人",是剥削阶级蔑视劳动人民的称呼。

（2）"巫医乐师百工之人，君子不齿，今其智乃反不能及，其可怪也欤！"（韩愈《师说》）意思是：巫医、乐师、工匠们，那些士大夫们是不屑于与他们为伍的，而现今竟然还不如他们聪明，这岂不是令人奇怪吗！句中"巫医"即指进行祷告、占卜等迷信活动，也用药物为人治病的人。古代巫、医不分。"乐师"即以演奏乐器为职业的人。"百工"即各种手工业工人。"君子"就是那些士大夫们，即官僚阶层。

3. 妻子对丈夫的敬称

如："未见君子，忧心忡忡。"（《诗经·召南·草虫》）意思是：因为没有见到您，我就会忧虑不安。句中"君子"亦可解释为古代女子对男子的美称，但和义项"1"意思不同。

4. 道德品质高尚的人

如："曾子曰：'可以托六尺之孤，可以寄百里之命，临大节而不可夺也。君子人欤？君子人也！'"（《论语·泰伯》）意思是：曾子说："可以把年幼的君主托付给他，可以把国家的命运寄托给他，他在生死存亡的紧要关头而不动摇屈服。这种人是君子吗？是君子啊！"此处"君子"明显意为道德品质高尚的人，不然何以能"托付"，在生死存亡的紧要关头又何以能"不动摇屈服"。

5. 对对方的尊称

如："则仆必能从诸君子之后，竭死力以补救。"（梁启超《谭嗣同》）意思是：那么我一定能紧跟着诸位，竭尽所能来挽救危局。句中"仆"是对自己的谦称。

（刊于《语文月刊》2009年第4期）

何谓"郡望"
——兼谈唐人如何出仕

古文集有多种命名方式，或籍贯、或官职、或名号、或谥号、或书斋、或年号，不一而足。除此之外，还有一种特殊的命名方式——郡望，如韩愈的《昌黎先生集》。那么，什么是"郡望"呢？这还要从唐人的出仕方式说起。

概括地说，唐代文人做官大致有三种途径：科举、征辟和参加幕府，但这都需要本人事先为自己制造舆论声势，提高自己的声望。先说科举。为迎接科考，考生便提前将自己的得意之作呈送给有名望的人看，再让他们向主考官推荐自己，使主考官未见其人便先闻其名，这在当时便叫做"温卷"。通过"温卷"，考生便可使自己在主考官那里起到"先入为主"的作用，从而有利于自己的"高中"。所谓征辟，就是由地方长官自己招聘官员，主考官凭什么招聘呢？当然还是凭应招人的名望。而参加幕府指的就是文人的应招，也叫"入幕"，个人的声望当然还是不可缺少的。这样，唐代的读书人就不惜通过各种手段和方式来提高自己的声望，以期能得到统治者的垂青和任用。

在这种社会风气下，韩愈当然亦不能免俗。韩愈本河阳（今河南孟县）人，出生于一个封建地主阶级中下层士大夫家庭，没有较高的社会声望，是不利于自己出仕的。于是，韩愈在谈起自己的家世时便不说自己是河阳人，而说是昌黎（今辽宁义县）人，因为昌黎韩祖是望族。这样，韩愈通过攀援"郡望"来提高自己的身价和声望，后世也因称之为"韩昌黎"。这反映出当时社会存在着严重的"门阀"（旧时在社会上有权有势的家族、家庭）观念，宋人秦观在《王俭论》中也说："自晋以门阀用人，王谢二氏最为望族。"这样，韩愈此举我们就不难理解了。

读出健康
——谈孔子的"食"与"宿"

何谓"读出健康"呢？我们知道，健康的体魄来自于科学的生活方式和良好的饮食习惯，而我们在阅读过程中，经常会遇到一些指导人们生活习惯的格言或警句，如能学以致用，便可"读出健康"。

两千多年前的孔子，虽然一生忙碌奔波，最终却能安享73岁高寿（生于周灵王21年、鲁襄公22年，死于周敬王41年、鲁哀公16年，即公元前551年——公元前479年），这在"人生七十古来稀"的古代是实为不易的。原因何在？因为他有一整套良好的生活习惯，《论语·乡党》中就有不少这方面的论述。

1. 食不厌精，脍（音kuài，切细的鱼、肉）不厌细。食饐（音yì，陈旧。食物放置时间长了）而餲（音ài，变味了），鱼馁（音něi，鱼腐烂，这里指鱼不新鲜）而肉败（肉腐烂，这里指肉不新鲜），不食。色恶，不食。臭恶，不食。失饪（烹调制作饭菜），不食。不时（应时，时鲜），不食，割不正（肉切得不方正），不食。不得其酱，不食。肉虽多，不使胜食气（同"饩"，音xì，即粮食）。唯酒无量，不及乱（不到酒醉时。乱，指酒醉）。沽酒市脯（音fǔ，熟肉干），不食。不撤姜食，不多食。（《论语·乡党》第八）

这段话的意思是：粮食不嫌舂得精，鱼和肉不嫌切得细。粮食因陈旧而变味了、鱼和肉腐烂了，不吃。食物的颜色变了，不吃。气味变了，不吃。烹调不当，不吃。不时鲜的东西，不吃。肉切得不方正，不吃。佐料放得不适当，不吃。席上的肉虽多，但吃的量不超过米面的量。只有酒没有限制，但不能喝醉。从市上买来的肉干和酒，不吃。每餐必须有姜，但也不多吃。

由此看，孔子在吃东西时注意了以下几点：

一是注重"杂食"：粮（主食）、脍（鱼、肉）、酒和酱、姜等调味品；二是食物要精细：食不厌精，脍不厌细；三是注意保质期：食饐而餲，鱼馁而肉败，不食，色恶，不食，臭恶，不食，不时，不食；四要适量：肉虽多，不使胜食气，酒无量，不及乱；五要卫生：沽酒市脯，不食。

2. 食不语，寝不言。（《论语·乡党》第十）

意思是：吃饭的时候不说话，睡觉的时候也不说话。

因为吃饭时说话会带来许多害处，如容易呛咳、唾沫飞溅，不卫生等。而睡觉时说话则易因精神兴奋而导致失眠，因而影响第二天的生活。

3. 康子馈（赠送）药，拜而受之。曰："丘未达，不敢尝。"（《论语·乡党》第十六）

意思是：季康子给孔子赠送药品，孔子拜谢之后接受了，说："我对药性不了解，不敢尝。"

俗话说："是药三分毒。"由此看，孔子对药物，哪怕是好意难却也是要慎而远之的。因为，好意终究是别人的，而身体却是自己的。

4. 寝不尸，居不容。（《论语·乡党》第二十四）

意思是：睡觉时不要像死尸一样挺着，平日家居也不要像作客或接待客人时那样始终保持庄重严肃的神情。

从医学的角度讲，人的最佳睡态应为"卧如弓"，即身子的形状就像放在床上的一张"弓",这样,既有利于休息,又有利于健康。而坐像也大可不必时时"坐如钟",一般情况下,即可采用自我感觉舒适的姿态,做到自我放松,以利再战。正如古人所说:"一张一弛,文武之道也。"

"网"字断想

每听到某些不法之徒逍遥法外未能伏法时，便不免遗憾老祖宗所造的"网"字：当初造字时若能把下面的敞口堵上，做"口"字框，而不是"冂"字框，恐怕就不会有那么多的"漏网之鱼"了。难道先人所造之字与某种现象天生就存在着某种内在的"机缘"？

后来翻看《史记》，方疑窦初开。《史记·殷本纪》载："汤出，见野张网四面，祝曰：'自天下四方皆入吾网。'汤曰：'嘻，尽之矣！'乃去其三面，祝曰：'欲左，左。欲右，右。不用命，乃入吾网。'诸侯闻之，曰：'汤德至矣，及禽兽。'"文字大意是说：一天成汤外出游猎，看见郊野四面张着罗网，张网的人祝祷说："愿从天上来的，从地下来的，从四方来的，都进入我的罗网！"成汤听了说："嗳，这样就把禽兽全部打光了！"于是把罗网撤去三面，让张网的人祝祷说："想往左边走的就往左边走，想向右边逃的就向右边逃。不听从命令的，就进我的罗网吧。"诸侯听到这件事，都说："汤真是仁德到极点了，就连禽兽都受到了他的恩惠。"这就是成语"网开三面"的来历。原来"网"的本意即捉鸟捕鱼的器具，与后来人情交往的"网开一面"是无关的，"人情网"、"关系网"只是其后起的比喻义罢了。东汉许慎《说文解字》也说："网，庖牺所结绳以渔，从冂，下像网交。"既然如此，我们今天在与自然相处时是否就做到"网开一面"了呢？请看看美国旅鸽的命运吧：1813年的一个午后，天空中传来一阵巨大而杂乱的鸣叫声，奥杜邦先生抬起头来，见庞大的鸟群逐渐遮盖了北美森林的上空，大地一片昏暗。十六公里宽的鸽群，在奥杜邦先生头顶飞了三天。当时这位最著名的鸟类学家预言："旅鸽，是绝对不会被人类消灭的。"而事实却与他的预言相反。欧洲人来了之后，他们对旅鸽进行网捕、除草、放毒、枪击、炮轰、火药炸……无所不用其极，到1878年的时候，除了密歇根州，美洲已见不到成群的旅鸽了；1900年3月24日，俄亥俄州一男子射下了天空中那只最后的野生旅鸽；1909年，只剩下3只动物园里的笼养旅鸽；1914年9月1日，美国所有的新闻电台都报道了这样一则消息：玛莎于当日下午1时在辛辛那提动物园去世。玛莎是地球上最后一只旅鸽，至此，旅鸽完全退出了历史的舞台……这一地球上数目最多的鸟在短短100年（1813—1914）时间就灰飞烟灭了，成了过眼云烟，也成了人们永远的记忆与遗憾。试想，当初人们若能对其"网开一面"，旅鸽的命运也不至于此吧！旅鸽犹如此，它类何以堪？至此，我方读懂了"网"之为"网"的真正含义，同时也读出了先民的仁爱与智慧、包容与伟大！

据统计：近2000多年来，地球上已有150种鸟类绝迹，另有1000多种鸟已濒临灭绝。美国生物学家近日也称，随着全球变暖加剧，地球上的鸟类栖息地将逐步减少，到下个世纪，全球将有8700多种鸟类大幅减少或濒临灭绝。而鸟类在生物链中是虫类的天敌，此消彼长，自然界的害虫就要泛滥成灾，虫灾严重就意味着粮食减产，而粮食减产对贫穷落后地区就会造成饥荒，继而引发社会动荡……所以恩格斯曾说："我们不要过分陶醉于我们人类对自然的胜利。对于每一次这样的胜利，自然界都对我们进行了报复。"法国大作家雨果也说："大自然是善良的慈母，同时也是冷酷的屠夫。"

《文子·上仁》曰："先王之法，不掩群而取鵽，不涸泽而渔，不焚林而猎。"凸显了古人的远见与卓识。在这方面,《戒子通录》也给我们留下了宋太祖爱鸟的佳话:魏国长公主曾经穿着贴着绣花铺着翡翠羽毛的短衣进入宫中,宋太祖看见了,便对她说:"你把这件衣服脱下来给我,从今以后,不要再做这样的装束了。"公主笑着回答说:"这样一件衣裳能用得了多少翠羽?"太祖说:"不能这样说。公主穿上了这种衣服,后妃外戚都会效仿,那么,京城翠羽的价格就会随之涨高,老百姓因为追逐钱利而去伤害鸟类的事就会越来越多,这实际上是因你而起。你生长在富贵之家,应该念惜这种幸福,怎么能够开这种坏事之端呢?"读之启人深思!2000多年前的孔子师徒亦是如此。有一次孔子与他的得意门生子路山林小路上散步,一群野鸡也在林梢上进行欢快地舞蹈。孔子指着群鸟对子路说:"它们多自由啊,好快乐啊!"子路向群鸟拱拱手,野鸟便鸣叫了几声飞走了:一副多么和谐的"人鸟同乐图"啊!

  聪明的世人啊,请牢记祖先教诲,对我们的鸟类朋友"网开一面"吧!如是,则我们身边就不仅会有清脆悦耳的"关关雎鸠",还会有爽心悦目的"青天白鹭"。

词义探源

月老 即月下老人,指媒人。传说唐代韦固在宋城遇一老人在月下检天下婚姻之书,囊中并有赤绳,一系男女之足,则必成夫妇。后因称管婚姻之神为"月下老人"或"月老",并代称媒人。

泰山 指岳父。唐玄宗到泰山祭祀天地,张说做封禅使,按唐朝旧例,封禅后自三公以下皆升迁一级,而唯独张说的女婿郑镒连升五级,并赐予赤色官服。玄宗怪而问之,郑镒无言以对。时宦官黄幡绰曰:"此乃泰山之力也。"意思是说,郑镒之所以能如此升迁,全是因为他岳父是泰山封禅使的缘故。于是"泰山"也就成了"岳父"的代称。

红娘 指媒人。红娘是王实甫《西厢记》中崔莺莺的侍女,是她促成了莺莺与张生的结合,后人便以"红娘"作为媒人的代称。

东床 指女婿。晋代太尉郗鉴派人到丞相王导家选女婿,王家的子弟都很矜持,唯独王羲之不以为意,坦腹躺在东床上吃东西。郗鉴欣赏他这种"名士"风度,就选中了他。"东床"也便成了女婿的代称。

膝下,香烟 指子女。幼儿常环绕于父母的膝下,故以"膝下"代子女。又因子孙祭祖必焚香,故称传宗接代为接续香火,"香烟"也就成了子女的代称。

中山狼　指忘恩负义的人。马中锡《东田集》载：赵简子在中山（国名）打猎，把一只狼赶得走投无路，却被正好路过的东郭先生将狼藏进口袋救下了，等赵简子一走，狼反而要吃掉东郭先生。后遂以"中山狼"喻忘恩负义，恩将仇报的人。

高阳公子　指称嗜酒豪饮的人。《史记·郦生陆贾列传》载：汉高祖刘邦初起兵时，陈留高阳乡人郦食其（lì yì jī）去求见。刘邦因他是儒生，推托不见。郦食其听了叫道："吾高阳酒徒，非儒人也。"遂得入见。后因以"高阳酒徒"或"高阳公子"指嗜酒豪饮的人。

比翼鸟，连理枝，比目鱼　指恩爱夫妻。比翼鸟，即鹣鹣。传说此鸟一目一翼，须雌雄并翅而飞，故比喻夫妻恩爱。连理枝，指干相抱，枝相连的树木，常用来比喻男女生死与共的爱情。白居易《长恨歌》云："七月七日长生殿，夜半无人私语时。在天愿作比翼鸟，在地愿为连理枝。"比目鱼，即鲽鱼。旧传此鱼一目，需两两相并才能游行，故亦喻恋人，夫妻。

响马　旧时指结伙拦路抢劫的强盗。因其骑马放响箭为号行动，故名。如隋末翟让、李密领导的瓦岗军和北宋宋江领导的梁山起义军都被称为响马。

驸马　皇帝女婿的代称。驸马原为一种官职，始称驸马都尉，汉武帝时开始设置，因掌管皇帝舆车之"驸"（指马。三匹马拉一辆车，左右两边的马称为"驸"）而得名。到东汉时，馆陶公主的女婿恰巧是个驸马都尉，从此，驸马也便成为皇帝女婿的代称。一说为晋武帝（司马炎）时，皇帝为了自身安全，规定只有皇帝的女婿才能担任驸马都尉，这一规定为后世皇帝所沿袭，"驸马"才成为皇帝女婿的代称。

辕门　指古时军营的门或官署的外门。古代帝王巡狩、田猎的止宿处，或古时行军扎营，以车环卫，在出入处用两车的车辕相向树立，作为营门,故称辕门。如《周礼·天官·掌舍》:"设车宫、辕门。"(郑玄注:"谓王行止宿阻险之处,备非常。次车以为藩,则仰车以其辕表门。")《六韬·分合》亦曰:"大将设营而陈,立表辕门。"

(刊于《语文世界》2008 年第 9 期)

何谓"花黄"

北朝民歌《木兰诗》如是描写木兰从军归来、恢复女装的情景:"开我东阁门,坐我西阁床;脱我战时袍,著我旧时裳;当窗理云鬓,对镜帖(贴)花黄。"那么,什么是"花黄"呢?这还要从南北朝时南朝宋武帝的女儿寿阳公主说起。

隆冬的一天中午,南国都成建康(今南京)风和日丽,暖意融融。宋武帝的女儿寿阳公主正仰卧于宫殿檐下晒着太阳小憩,一阵微风吹来,满院落英缤纷,而有几片梅花正好飘落正在憩息中的寿阳公主的额头上,等寿阳公主醒来时,那几片梅花已在他额上渍染出斑斑花痕,这使得本就娇艳的寿阳公主显得更加娇媚可爱,以致宫女们见后都齐声惊呼,而适值妙龄的寿阳公主此时的心情也一如这天气一般灿烂。从此,爱美的寿阳公主便常将几片梅花贴在前额上,显现出青春的朝气与活力。慢慢地,许多富家大户的女儿也都争着效仿,成为盛极一时的"梅花装"。但梅花是有季节性的,不能满足女孩子这种入时打扮的需求,于是便有人想方设法去采集其他黄色的花粉制成粉料,个人根据各自的爱好,用粉料在额上或脸部画出不同形状的花纹;也有用金黄色的纸剪成星、月、花、鸟等形状的,贴在前额或两颊上,作为一种装饰,这就是所谓的"贴花黄"。这种装饰在女子中非常流行,在当时的人们看来,不贴花黄就缺少了少女的特征和朝气。由此看，处于北朝时期的木兰"对镜帖（贴）花黄"之举也就不难理解了。

这种习俗上起南北朝，下迄于宋，长达700余年，直至金元游牧民族入侵中原后才慢慢消失。

（刊于《初中生世界》2009年第5期）

金秋时节话"五谷"

古人所谓"五谷"虽所指不尽相同,但都是粮食作物的总称。《论语·荷蓧丈人》中即有"四体不勤,五谷不分"之说。《诗经·豳风·七月》也说"亟其乘屋,其始播百谷",句中"百谷"即"五谷",也就是粮食作物。另外,在《孟子·寡人之于国也》中也有"不违农时,谷不可胜食也"的说法。时至今日,我们仍有许多有关"五谷"的常用语,如"五谷杂粮"、"五谷丰登"等等。由此看,"五谷"、"百谷"或"谷"作为粮食作物的总称是约定俗成的。而今义之"谷"在古代则被称之为"粟"、"禾"。

先说"粟",即"谷子",去皮后称"小米"。如杜牧在《阿房宫赋》中形容阿房宫的宏大规模时就说:"钉头磷磷,多于在庾之粟粒。"意思是修建阿房宫所用的钉子比仓库中的谷粒都多,真令人惊叹啊!除此之外,"粟"在古代有时也作为谷物或粮食的代称。如《孟子·得道多助,失道寡助》中"兵戈非不坚利也,米粟非不多也"和韩愈《马说》中"马之千里者,一食或尽粟一石",句中"粟"皆为此义。

再说"禾"。古指"谷子"。如《诗经·豳风·七月》:"黍稷重穋,禾麻菽麦。"意思是说,十月金秋,谷子高粱,粟麻麦豆都收进了仓,句中"禾"即"谷子"。后来,"禾"又指"稻"。如张舜民《打麦》诗:

"麦秋正急又秧禾。"徐光启《甘藷疏序》中也有"岁戊申,江以南大水,无麦禾"之说。另外,"禾"有时也用作"庄稼"的代称。如李绅《锄禾》诗"锄禾日当午,汗滴禾下土"之"禾"和聂夷中《田家》诗"六月禾未秀,官家已修仓"之"禾"。

除"粟"、"禾"之外,"五谷"中还包括"黍"、"稷"、"菽"、"稻"、"麦"等。

黍即黍子,碾成的米叫黏黄米,是古人的佳食。《论语·荷蓧丈人》中就有"杀鸡为黍而食之"之说,就是说又杀鸡又作黏黄米来款待客人。另外,陆游《游山西村》诗亦云:"故人具鸡黍,邀我至田家。"由此看,在古代,黏黄米是确实被看成美味佳肴了,不然,怎会被作为待客之用。值得一提的是,我们今天的"年糕"就是用黏性大的米或米粉蒸成的,是春节的应时食品,也是一道不可多得的美餐。所以《管子·轻重》上说:"黍者,谷之美者也。"此言得之。

稷也是一种谷子,似黍而不黏。陶渊明在《桃花源诗》中说:"桑竹垂余荫,菽稷随时艺。"是说桑竹垂阴之时,豆类和谷类作物也该按时播种了。古代还以稷为百谷之长,因此稷又被帝王奉为谷神,这也是"社(土神)稷"可以代指国家的原因,由此不难看出古人对土地和粮食的重视。

菽即豆,是豆类的总称。"菽"、"豆"之称可以汉为界,汉之前皆称"菽"。如《诗经·豳风·七月》(春秋):"九月筑场圃,十月纳禾稼,黍稷重穋,禾麻菽麦。"《孟子·尽心上》(战国):"圣人治天下,使有菽粟如水火。"汉以后多用"豆"。如陶渊明(东晋)《归园田居》:"种豆南山下,草盛豆苗稀。"再如贾思勰(北魏)《齐民要术·种豆》:"四月时雨降,可种大小豆。"而汉则常见"菽"、"豆"混用。如刘安(西汉)《淮南子·时则》:"食菽与鸡"中用"菽",而东汉三国之交的曹植《七步诗》:"煮豆燃豆萁"中则用"豆"。

还有稻。稻主要分水稻和旱稻两大类,但通常指水稻。《战国策·东周策》中就有"东周欲为稻，西周不下水，东周患之"的记载，句中"稻"明显为水稻。

最后说麦。麦是我国北方重要的粮食作物，有小麦、大麦、黑麦和燕麦等多种。唐代诗人李颀在《送陈章甫》中云："四月南风大麦黄，枣花未落桐叶长。"此处"麦"当然指大麦。但麦多专指小麦。袁宏道《满井游记》中"麦田浅鬣存许"中的"麦"则指小麦，小麦又通称麦子。

（刊于《初中生世界》2009 年第 10 期）

第八章

探本穷源

——说文解字

略说"庙"、"寺"、"庵"、"观"、"祠"

庙 进行供奉和祭祀的场所。包括以下三类:

一是宗庙,即供奉和祭祀祖先的处所。如贾谊《过秦论》:"一夫作难而七庙隳。""七庙"即天子的宗庙——《礼记·王制》中也有"天子七庙"之说——"七庙隳"即天子的宗庙被毁灭,也就是国家灭亡的意思。在封建时代,皇帝死后,就在太庙立室奉祀,并特起一个"庙号"。如李世民的庙号为"太宗",赵匡胤的庙号为"太祖",而爱新觉罗·玄烨(康熙)的庙号为"圣祖"……当然,并不只有皇室才有宗庙,其他贵族也各有自己的宗庙,也称"家庙"。所以《谷梁传·僖公十五年》说:"天子至于士皆有庙。"

二是贤庙,即供奉祭祀有才德的人的处所。如祭祀孔子的"孔庙"、"圣庙"、"文庙",祭祀关羽的"关帝庙",祭祀岳飞的"岳王庙",还有关、岳合祀的"武庙"等。在蜀汉名臣诸葛亮死后,《三国志·蜀书·诸葛亮传》亦有"诏为亮立庙于沔阳"之说。

三是神庙,即供奉祭祀神佛的处所。南宋大诗人陆游在《过小孤山大孤山》中曾说:"庙在山之西麓,额曰'惠济',神曰'安济夫人'。"此句中"庙"即为"神庙"。

寺 是奉祀"佛"的,是佛教的,寺里一般是吃斋念佛兼习武的僧人。如河南嵩山少林寺。柳宗元《岳州圣安寺无姓和尚碑》"岳州大和尚终于圣安寺"之"寺"即佛寺。"寺"有时与"庙"合称"寺庙"。

庵 指尼姑居住的佛寺，即尼姑庙。如"水月庵"。再如徐宏祖《游黄山记》："扶杖望朱砂庵而登"和"既登峰头，一庵翼然，为文殊院"两句中"庵"均为"尼姑庵"。

观 读 guàn，是道教的庙宇，是奉祀"仙"的，俗称"道观"。唐刘禹锡在《玄都观桃花》诗中说："玄都观里桃千树，尽是刘郎去后栽。"这里的"观"即道观。

祠 即祠堂。指在封建宗法制度下，同祖的人共同祭祀祖先的房屋，有时也指社会公众或某个阶层为共同祭祀某个人物而修建的房屋。如辛弃疾《永遇乐·京口北固亭怀古》："可堪回首，佛狸祠下，一片神鸦社鼓。"句中"佛狸"即后魏太武帝拓跋焘的小字，他击败宋文帝，率军追到瓜步山（今江苏六合县东南），在山上建立了行宫，即后来的"佛狸祠"。又如张溥《五人墓碑记》："郡之贤士大夫请于当道，即除魏阉废祠之址以葬之。"句中"废祠"即指明朝宦官魏忠贤的党羽曾在各地为他广建生祠，魏败后俱废弃。"祠"有时还指神庙。如《史记·陈涉世家》："又间令吴广之次所旁丛祠中。"及姚鼐《登泰山记》："又有碧霞元君祠。"两句中"祠"即指庙宇。

（刊于《语文报》2009年第22期）

说"诽"道"谤"话"讥讽"

"**诽**""谤"、"讥"、"讽"虽都含有指责别人过错或短处之意,但又有着细微的区别。

诽 即诽谤、毁谤。指无中生有,说人坏话,毁人名誉,但一般是背地里议、嘀咕。如《荀子·非十二子》:"不诱于誉,不恐于诽。"即不为赞誉所引诱,也不因毁谤而恐惧。赞誉是表面上的,而毁谤则是见不得人的。

谤 一般是公开指责别人的过失。如《战国策·邹忌讽齐王纳谏》:"能谤讥于市朝,闻于寡人之耳者,受下赏。"其中"谤讥于市朝"即在公众场合指责过错,既然是在"公众场合",那当然也就是"公开指责"了。但有时也指毁谤,与"诽"同义。如《史记·屈原列传》:"信而见疑,忠而被谤,能无怨乎?"即诚实却被人怀疑,忠贞却被人诽谤,能不心怀怨言吗?

讥讽 即以委婉含蓄的话进行暗示或规劝。如"谤讥于市朝"之"讥"和"邹忌讽齐王纳谏"之"讽"皆为此义。再如孔平仲《寄从道》诗云:"斑然武而文,讥骂舌如刀。"句中"讥"亦为"讥讽"义。另外,在《史记·滑稽列传》中记载了这么一个故事:有一个叫优孟的杂戏艺人常以谈笑方式旁敲侧击地劝说楚王。楚相孙叔敖死后,儿子很穷,优孟就穿戴了孙叔敖的衣冠去见楚庄王，其神态和孙叔敖一模一样。庄王以为孙叔敖复生，仍让他做宰相。优孟以孙叔敖的儿子很穷为辞，并趁机对楚王进行规劝，庄王终于封了孙叔敖的儿子。司马迁在《优孟列传》中概括介绍优孟时只用这么了一句话——"常以谈笑讽谏"，句中着一"讽"字，可谓"一言以蔽之"。但有时，"讥"也含有非难、指责义，与"诽"、"谤"同义。如范仲淹《岳阳楼记》："登斯楼也，则有去国怀乡，忧谗畏讥。"句中"谗"和"讥"便是指政敌们无中生有的指责和毁谤。

（刊于《语文学习报》2009年10月12日第15期）

"学校"称谓知多少

学校,是专门进行教育的机构。今天,无论公立学校还是私立学校,无论小学、中学还是大学,都统称之为"学校",但古代却不然,《礼记·学记》云:"古之教者,家有塾、党有庠、术有序、国有学。"由此观之,在古代,学校由于其组织者和设立者的不同,其称谓也是不同的。

塾 塾是古代家庭或家族内设立的学校,因归其本家或本族所有,因此又被称为"私塾"或"私学",正如《礼记·学记》所说:"家有塾。"在古代,塾本为大门内两侧的房屋,因常于此讲武课读,所以家庭学校也便被称为"塾"。周容《芋老人传》上有句话说:"老人邻有西塾,闻其师为弟子说前代事。"说的就是老师在私塾为学生授课的事。

庠和序 庠和序都是古代的地方学校,也称乡学。我们通常所说的庠生,就是指在科举制度中,府、州、县学的生员的别称。虽同为地方学校,在殷周之时其称谓却是不同的,殷代称之为"庠",而周则称之为"序",故《汉书·儒林传》云:"殷曰庠,周曰序。"后来则"庠"、"序"并称。《孟子·梁惠王上》在记述孟子在向齐宣王宣扬自己"保民而王,莫之能御"的仁政思想时说了这么一句话:"谨庠序之教,申之以孝悌之义,颁白者不负戴于道路矣。"意思是说认真地办好地方各级学校教育,用孝敬父母、尊重兄长的道理反复教导他们，那么，头发斑白的老人就不用在道路上背扛头顶东西了，说明了办好地方教育的重要性。《礼记·学记》所说的"党有庠、術有序"中的"党"和"序"即"地方"义。党是古代社会的基层组织，五百家为一党，大致相当于现在的村，后来泛指乡里，于是便常"乡党"连称，"乡党"即同于今天的"乡村"。術即道、府、县之意，是古代行政区划名，只是各代所辖范围不同而已。蒲松龄《促织》上有句话说："宰悦，免成役；又嘱学使，俾入邑庠。"句中"邑庠"即县学，是说成名（人名）因献促织（即蟋蟀，有的地区叫蛐蛐儿，雄的好斗）有功，县令大喜，不仅免去了成名的徭役，还嘱咐主管学政的官员，让成名入县学读书。

　　学　学即学校，在古代，一般指国家在京城设立的全国最高学府，称太学，即国子监，也就是《礼记·学记》所说的"国有学。"《后汉书·张衡传》："因入京师，观太学，遂通五经、贯六艺。"句中"太学"明显是指国家设立在京城的最高学府。宋濂《送东阳马生序》："今诸生学于太学，县官日有廪稍之供，父母岁有裘葛之遗，无冻馁之患矣。"句中"太学"亦为此义。

（刊于《语文报》2009 年第 45 期）

略说古代的"冠服"

在我国古代,人们把系在头上的装饰物称为"冠服",也称"头饰"或"头衣",它主要有冠、冕、弁、巾(帻)四种。

冠 "冠"是会意字,从"冖"(即"幂",覆盖东西的巾)从"元"(人头)从"寸"(手)。意思是手拿布帛之类的制品加在人的头上,即"冠"。所以"冠"的本义是帽子,且是帽子的总称。东汉许慎《说文解字》曰:"冠,弁冕之总名也。"另外,冠起初是专门供贵族戴的帽子,所以《礼记·问丧》上说:"冠,至尊也。"也就是说,古时候,平民百姓是不加冠的,只是佩戴巾帻而已,所以,古代老百姓被称为黔首。黔者,黑也,首者,头也,不加冠即露出黑发,故称黔首。如贾谊《过秦论》:"于是废先王之道,焚百家之言,以愚黔首。"就是说秦始皇统一六国后,废除了先王的治国之道,焚烧了百家的著作,用这种办法使老百姓愚昧无知。再如《史记·李斯列传》:"夫斯乃上蔡布衣,闾巷之黔首。"句中"布衣"和"黔首"都是"老百姓"的意思,"布衣"即穿布衣,"黔首"即不加冠,都是用特征代替本体的借代手法。但随着时间的推移,老百姓也开始加冠了,如《战国策·唐雎不辱使命》:"布衣之怒,亦免冠徒跣,以头抢地尔。"这便是"布衣"(老百姓)加冠的例证。虽然如此,但仍不同于贵族们的"峨冠博带",老百姓仍是"平头百姓"

而已。

冕 "冕"是古代帝王、诸侯及卿大夫所戴的礼帽，故《说文解字》曰："冕，大夫以上冠也。"《荀子·富国》亦有"天子袾裷、衣冕，诸侯玄裷、衣冕，大夫裨、冕，士皮弁、服"之说，意思是天子穿大红色的龙袍，戴礼帽；诸侯穿黑色的龙袍，戴礼帽；大夫穿裨衣，戴礼帽；士戴白鹿皮做的帽子，穿白色褶子裙。"冕"后来特指帝王的礼帽。如《淮南子·主术训》："古之王者，冕而前旒。""旒"即帝王礼帽前后悬垂的玉串，故"冕旒"亦用作皇帝的代称。今有熟语"加冕"，即把皇冠戴在君主头上，是君主即位时所举行的仪式。

弁 "弁"是古时的一种官帽，后泛指帽子。《广韵》曰："弁，周冠名。"它通常被配以礼服使用，吉礼之服用冕，通常礼服用弁。赤黑色布做的叫爵弁，是文冠；白鹿皮做的叫皮弁，是武冠。故《仪礼·士冠礼》上有"皮弁"之说，就是"以白鹿皮为冠。"因武官戴皮制的弁，后又专指低级的武官，故又有"武弁"、"马弁"之说，就是指称旧时的低级武官，而"弁目"则是清代兵士头目的通称，其地位就更为低下了。

巾与帻 "巾"为象形字，甲骨文字形为布巾下垂之形。所以"巾"的本义是佩巾，拭布，相当于现在的手巾。许慎《说文解字》云："巾，佩巾也。"唐·王勃《送杜少府之任蜀州》："无为在歧路，儿女共沾巾。"宋·张俞《蚕妇》："昨日入城市，归来泪满巾。"其中之"巾"皆为此义。后又指头巾。东汉应劭《风俗通》曾说："慇礼巾，所以饰首。"南朝梁黄门侍郎兼太学博士顾野王所撰《玉篇》也说："巾，本以拭物，后人著之于头。"如李白《嘲鲁儒》的"首戴方山巾（一种儒生所戴的头巾）"和苏轼《念奴娇·赤壁怀古》"雄姿英发，羽扇纶巾"之"巾"皆为头巾。另外，在使用过程中，人们常"巾"、"帻"互用。"帻"亦为头巾，古人用帻裹头，中间露出头发，帻前高后低，然后加冠。《晋书·舆服志》有"文武官皆免冠著帻"之说。东汉蔡邕《独断》亦有"元帝额有壮发，不欲使人见，始进帻服之"的记载。

（刊于《语文月刊》2009 年第 12 期）

由"丝"、"匹"说开去

——古代长度单位略谈

在文言文《乐羊子妻》中有这么一句话："一丝而累,以至于寸,累寸不已,遂成丈匹。"句中的"丝"和"匹"与句中的"寸"和"丈"一样,都是古代计量长度的单位,即"度"。《汉书·律历志》曰:"度者,分、寸、尺、丈、引也,所以度长短也。"这正如《郑人买履》中"已得履,乃曰:'吾忘持度。'"之"度"一样,同为计量长短的标准、尺度。

概括说来,古代计量长度的标准主要有以下几类:一类是计量微小单位的忽、丝(秒)、毫、厘等,一类是今天仍继续使用的分、寸、尺、丈、里等,一类是至今已不常使用甚至已不再使用的黍、扶、咫、仞、跬、步、寻、常、制、引、舍等。虽然如此,但在文言文学习过程中,不少古计量单位还时常出现,给同学们的学习带来一定困难,故简说如下,以供参考。

先说计量的微小单位:忽、丝(秒)、毫、厘。

"忽"是古代最微小的计量单位,是"尺"的百万分之一。《九章算术·音义》载:"十忽为秒(丝),十秒为毫,十毫为厘。"所以我们常用"丝毫"或"毫厘"来代指微小的事物。如《新唐书·辛云京传》记载:"治谨于法,下有犯,虽丝毫比,不有贷。"是说辛云京(唐人)治法谨严,下属即使犯有丝毫的错误,他也不会宽恕。再者,出自《汉书·赵充国传》的一常用成语"失之毫厘,差以千里"中的"毫厘"亦为此义。

再说今天仍经常使用的计量单位:分、寸、尺、丈、里。

古人常以黍(黄米,古人的佳食)为计量长度的标准。他们选取黍的中等子粒,一个纵黍的长度即为一分(十厘)。魏学洢《核舟记》中便有"舟首尾长约八分有奇,高可二黍许"之说,"二黍许",即"二分左右"。而下文"而计其长曾不盈寸"即是说"核舟的总长度竟不满一寸(即十分)",可见核舟之小。

但需要说明的是,古代分、寸、尺、丈、里的换算关系与今天相同,只不过古代的尺寸比现在略短,故古有"丈夫"之谓,即一人高为一丈,但古"一丈"非今"一丈"。古小说中更有所谓"身高丈二"者,只不过是稗官野史极状其人威武高大罢了,实不可信,然《战国策·邹忌讽齐王纳谏》曰"邹忌修八尺有余"倒是可信的,因为按战国秦制1尺约合今天23.10厘米来计算,当时八尺也就是现在大约1.85米的高个儿,虽然不多,但还是有的。

下面着重谈谈今天不常使用甚至已不再使用的计量单位:扶、咫、仞、跬、步、寻、常、制、匹、引、舍。

扶 四指并拢的宽度为"一扶",古代有"一指为寸,一扶四寸"之说。《礼记·投壶》:"筹,室中五扶,堂上七扶,庭中九扶。"就是说投壶游戏中的筹码,在室中用五扶的箭,在堂上用七扶的箭,在庭中用九扶的箭,句中"筹"便是一种行酒令时用的竹签,即筹码。再如《韩非子·扬权》:"故上失扶寸,下得寻常。"就是在治理国家时,君主失掉一尺,臣下就得到一丈,故君主且应慎之又慎。

咫 周制八寸,约合今市尺六寸二分二厘。《国语·鲁语下》载:"肃慎氏贡楛矢石砮,其长尺有咫。"是说肃慎部族献来楛木做的箭和石头制作的箭头，长一尺八寸。古今常"咫尺"连用，比喻很小的东西。如《韩非子·外储说左上》："用咫尺之木，不费一朝之事，而引三十石之任致远，力多，久于岁数。"意思是说用细小的木头，不费一天工夫，就能牵引三十石的重量，走很远的路，出很大的力，并且可以用很多年。而成语"咫尺天涯"中"咫尺"则又指很近的距离。

仞 又写作"轫"。一仞，周制为八尺，汉制为七尺，东汉末为五尺六寸。《愚公移山》有"太行、王屋二山，方七百里，高万仞"之说。"高万仞"，即极言太行、王屋之高，实非确数。

跬步 周代以八尺为步，秦代以六尺为步，旧制以营造尺，五尺为步，故又有"步步为营"之说。古代一步相当于两跬，但"步"的标准又与现在不同，现在的一步古代称"跬"，现在的两步古代才称"步"。如《荀子·劝学》中名言"不积跬步，无以至千里"中"跬"即为半步，即跨出一脚为"跬"，跨两脚才为"步"。今常用"跬步"比喻很小的举止或动作。如蒲松龄《促织》："故天子一跬步，皆关民命，不可忽也。"

寻常 古代八尺为寻，与"步"接近，又"倍寻为常"，所以，一常等于两寻。《战国策·韩策一》："秦马之良，戎兵之众，探前趹后，蹄间三寻者，不可称数也。"是说秦地的马跑得特别快，前后蹄间一跃即可超过三寻的距离。再如《韩非子·五蠹》："布帛寻常，庸人不释。"即十几尺布帛，一般人见了也舍不得放手。

制 古代一丈八尺为一制。《管子·乘马》云："季绢三十三制当一镒。"意思是三十三制下等的绢才有二十两重。"镒"为古重量单位，二十两为一镒，一说二十四两为一镒。

匹 是计算布和绸缎的长度单位。《汉书·食货志下》："布帛广二尺二寸为幅，长四丈为匹。"这个意义又写作"疋"。《卖炭翁》诗："半匹红绡一丈绫，系向牛头充炭直。"其中"半匹"即"二丈"。另有《孔雀东南飞》诗:"三日断五匹,大人故嫌迟。""匹"仍为长度单位。

引 旧时长度单位。十丈为一引。

舍 三十里。古时行军三十里为一舍。成语"退避三舍"即后退九十里。

(刊于《语文教学通讯》B 刊 2010 年第 4 期)

古代重量单位略谈

春秋战国时期，各国度量衡标准不一。秦统一全国后，秦始皇下令废除六国旧度量衡，以原秦国的度量衡制（即始于公元前350年商鞅第二次变法所统一的度量衡）为基础，向全国颁行新的度量衡制度，并为此颁布诏书曰："二十六年（公元前221），皇帝尽并兼天下诸侯，黔首（老百姓）大安，立号为皇帝。乃诏丞相状（左丞相隗状）、绾（右丞相王绾），法度量则不壹，歉（嫌）疑者，皆明壹之。"此诏书见于历代发现的为数众多的秦权（秤锤）和量器上，从而实现了中国历史上第一次度量衡的大统一，其中作为衡器的单位主要有：铢、锱、分、钱、两、斤（觔）、镒、钧、石等，下面试分说之。

铢 一两的二十四分之一。汉初承秦制，铸半两钱。汉武帝时停铸半两，改铸三铢钱，三铢钱实际重量与纪重相符。《史记·平准书》载："令县官销半两钱，更铸三铢钱，文如其重。"上有"三铢"二字，背无轮廓。（如图1）

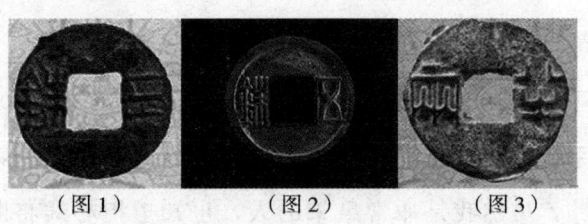

（图1）　　（图2）　　（图3）

汉元狩五年（公元前118年），武帝又令停铸三铢而改铸五铢，以五铢钱作为法定货币通行全国。钱上有"五铢"二字，即重量为五铢，且钱有周郭。（如图2）

因盗铸不易，故而这种货币相当稳定且流通方便，一直沿用到三国时期。铢只有一两的二十四分之一，因此常被用来指代微小的事物或数量。如成语"铢两悉称"即指两方面轻重相当或优劣相等，而"铢积寸累"则指一点一滴地积累。

锱 一两的四分之一，相当于六铢。人们常"锱"、"铢"连用，指代极微小的数量，如成语"锱铢必较"。《三国志·吴书·贺邵传》中有"何定本趋走小人，仆隶之下，身无锱铢之行，能无鹰犬之用"的记载，说明了何定的卑微与无能。

分、钱 十分为一钱，十钱为一两。因数量微小且精确，故常用作药材配置的单位。如《后汉书·华佗传》："与散两钱服之。"句中"与"即给，"散"即药末，意思是只给了他两钱药，让他服下。

两、斤、镒 旧制十六两为一斤，故有"半斤八两"之说，即依旧制一斤合十六两，半斤等于八两，意为二者彼此一样，不相上下（多含贬义）。秦始皇统一中国后，下令废除六国旧货币，规定国家的货币分两等，黄金为上币，以镒（重二十四两）为单位，铜钱为下币，圆形方孔，文曰"半两，重如其文。"即重如面文，亦"半两"。（如图3）

这种铜钱不仅个体轻巧，便于携带，且交换方便，是一种进步的币制形式，此种币制形式一直被采用到清朝末年。

钧 三十斤。《汉书·律历志上》曰："三十斤为钧，四钧为石。"枚乘《上书谏吴王》有言曰："夫以一缕之任，系千钧之重，上县（悬）无极之高，下垂不测之渊，虽甚愚之人，犹知哀其将绝也。"意思是用一根线的负担，系起千钧的重物，上面悬挂在没有尽头的高处，下面靠着不可测度的深渊，虽然我是非常愚笨的人，也知道担心线将断绝。故今有成语"千钧一发",比喻极其危险。另外,《孟子·齐桓晋文之事》亦有"吾力足以举千钧,不足以举一羽"之说。

  石 一百二十斤。晁错《论贵粟疏》有"五口之家,其服役者不下二人,其能耕者不过百亩,百亩之收不过百石"之说,是说由于受诸多条件的限制,所耕之田及亩产都很有限,以此说明粮食的可贵。另外,《史记·李将军列传》亦有"终广之身,为二千石四十余年"的记载。因为在战国时候有用谷衡量取酬的做法。西汉初年各级官员按照不同的石规定俸禄标准,表示职级的大小。句中"二千石"即指汉代太守的俸禄,故也用来指代太守。

(刊于《语文报》2010年12月20日第51期)

简析"睡"、"寝"、"卧"、"眠"、"寐"

"睡"、"寝"、"卧"、"眠"、"寐"几词于今都有"睡觉"之意,但在古代却不尽然,它们各有分工,各司其职,今简析如下。

睡 原指坐着打瞌睡。如《史记·商君列传》:"孝公既见卫鞅,语事良久,孝公时时睡,弗听。"是说秦孝公第一次接见商鞅时,交谈了很长时间。商鞅向秦孝公大谈五帝之道,而孝公却不感兴趣(他此时需要的是"霸道"),便时常坐着打瞌睡。自魏晋之后,"睡"才引申为"睡着"、"睡觉"义。杜甫在《茅屋为秋风所破歌》中说:"自经丧乱少睡眠,长夜沾湿何由彻?"句中"睡眠"即为"睡得着觉"。

寝 指躺在床上休息,但不一定睡着。《论语》中就有"食不语,寝不言"之说,就是在吃饭、睡觉时都不要说话。此处"寝"明显是指未进入睡眠状态之前,否则,人睡后还用强调"寝不言"吗?那除非是呓语。再如《公羊传·僖公二年》"寡人夜者寝而不寐"和《邹忌讽齐王纳谏》"暮寝而思之"中的"寝"皆与此同义。后来,"寝"也指"睡着"。如《李愬雪夜入蔡州》"元济尚寝"就是说对方已经打入城中了,而元济还在睡觉,还没有醒来。

卧 是指趴在几上或伏在矮而小的桌子上睡觉。《孟子·公孙丑》中就有"坐而言,不应,隐几而卧"的说法。但有时也指躺着或躺着睡觉。故司马迁在《史记·吴起传》中有"卧不设席,行不骑乘"之说,方苞在《狱中杂记》中也说:"又隆冬,贫者席地而卧。"

眠 本意是闭上眼睛。《山海经·东山经》记载:"余峨之山有兽焉,见人则眠。"是说余峨山上有这样一种野兽,它见了人就闭上眼睛,但不是入睡。但后来也引申为"睡觉"义,如孟浩然《春晓》"春眠不觉晓,处处闻啼鸟"中"眠"即为此义。

寐 指睡着。《诗经·卫风·氓》曾有"夙兴夜寐"之说,即早起晚睡之义。另外,范仲淹《渔家傲》"人不寐,将军白发征夫泪"中"寐"亦为"睡着"义。但需要注意的是,"假寐"一般是指不脱衣帽打盹。如《左传·宣公二年》"(赵宣子)盛服将朝,尚早,坐而假寐。"但在蒲松龄《聊斋志异·狼》"乃悟前狼假寐,盖以诱敌"中"假寐"却是"假装睡觉"。

(刊于《语文学习报》2010年12月6日第23期)

由清明"扫墓"说开去

每逢清明,人们总要在亲人墓地祭奠、培土和打扫,或在烈士墓及纪念碑前举行纪念活动,称为"扫墓"。然何为"墓"?"墓"与"坟"又有什么区别呢?请先看《礼记·檀弓》上记载的一个故事。

孔子把父母合葬在防地之后,说:"我听说古代的墓地是不堆土的,但我是个四处奔波的人,不能不做个标记。"于是在墓上堆了四尺高的土,成为坟(土堆)。之后,孔子就回家了,弟子们善后。不一会儿下起雨来,弟子们都被淋了回来,孔子责问道:"为什么来得这么晚呢?"弟子们说:"防地的墓塌了!"连说了三次,孔子流着眼泪说:"吾闻之,古也,墓而不坟。"

从故事不难看出,上古时代(我国历史分期上多指夏商周秦汉时期)墓与坟是有着严格区别的。当时的墓就是穴藏棺木,再覆土与地平,且墓旁不植树,也正如孔子所说:"古也,墓而不坟。"也正因如此,孔子才要在墓上筑土为坟作为标记。何为"坟"?"土之高者谓之坟。"也就是说,坟的本义是大堤、大防或土堆。故《方言》(西汉扬雄著)曰:"坟,地大也,青幽之间,凡土而高大者谓之坟。"《尔雅·释丘》也说:"坟,大防。"屈原《九章·哀郢》亦有"登大坟以远望兮,聊以舒吾忧心"之语。也正是孔丘在墓上堆土为坟之后,"坟"才渐渐有了其引申义——"坟墓"。故成书于西汉的《史记》在《文帝本纪》中也就有了"不治坟,欲为省"的记载,意思是不修坟,想节约。另外,西汉《方言·十三》中也有"坟,冢。秦晋之间谓之坟"之说。而到东汉时期,出现了我国最早的研究汉字的文字学专注,我国第一部分析字形、解说字义的字典——《说文解字》(许慎著),书中对"坟"作了明确释义——"坟,墓也。"因此,才有了我们今天的合成词——坟墓。

除了"坟"和"墓"之外,表示"坟墓"意义的词还有"陵"和"冢"。

"陵"的本义是大土山,因其大,又引申为帝王的陵墓。如西安咸阳的秦始皇陵、北京的明十三陵等。今天,"陵"也指革命领袖或革命烈士的坟墓,如江苏南京的中山陵以及分布在祖国各地的革命烈士陵园。郦道元《水经注·渭水》有云:"秦名天子冢曰山,汉曰陵。"因此,有时也用"山"和"陵"一起指代皇帝陵墓。如明顾炎武《复庵记》:"太行碣石之间,宫阙山陵之所在。"

冢为形声字,从冖,豖声。冖,表示覆盖,意为将死者覆盖于墓中,故从冖。所以冢的本义就是高而大的坟。《说文》曰:"冢,高坟也。"如汉乐府《十五从军征》:"遥望是君家,松柏冢累累。"居远"遥望"尚且"冢累累",那么冢当然应为高大的坟墓。再如《史记·高祖本纪》:"项羽烧秦宫室,掘始皇帝冢。""始皇帝冢"即"骊山陵",当更为巍峨高大。除此之外,也泛指一般的坟墓。如杜甫《咏怀古迹五首》:"独留青冢向黄昏。"此二意义之"冢"又写作"塚"。

(刊于《语文报》2011年4月4日第13期)

纸上谈"兵"

今天,"兵"、"卒"、"士"三字一般指士兵、士卒,在概念上已没有多大区别,但在古代,特别是夏、商、周、秦、汉时期,三词却是是有着严格区别的。

兵 "兵"的本意是兵器、武器。"兵"的甲骨文字形是上"斤"下"廾","斤"为短斧,"廾"为双手,"兵"即为双手持斧,属会意字,从"廾"从"斤"。东汉许慎《说文解字》云:"兵,械也。"《荀子·议兵》也说:"古之兵,戈、矛、弓、矢而已矣。"我们所学课文《孟子·得道多助,失道寡助》"威天下不以兵戈之利"和诸葛亮《出师表》"今南方已定,兵甲已足"两句中"兵"皆为此义,今有成语"短兵相接"、"厉兵秣马"等,而"军队""士兵"则是其衍生义。如曹操《置屯田令》"夫定国之术,在于强兵足食"句中"兵"即为"军队"义,而《三国志·吴书·吴主传》"将军贺达等将兵万人"中"兵"则为"兵士"、"士兵"义。

卒 "卒"的本义是古代供隶役穿的一种衣服。"卒"的小篆字形是在"衣"上加一点标记,表示穿这种衣服的人,也就是说,"卒"是一指事字,后来引申为"步兵"。如课文《史记·陈涉世家》"比至陈,车六七百乘,骑千余,卒数万人"句中"骑"、"卒"并说,"骑"指"骑兵",

"卒"就明显为"步兵"了。另外,我们口语中常说的"马前卒"的"卒"亦为此义。

　　士　"士"在先秦时指在车上作战的士兵,故《吕氏春秋·简选》有"在车曰士,步曰卒"之说。但是,随着时间的推移和作战装备的进步,战车作为战争的工具和手段逐步退出历史的舞台,"士"和"兵""卒"等也就没有严格的区别了。如课文《史记·陈涉世家》"士卒多为用者"中"士卒"则皆指"士兵"、"兵士"了。

由"行卜"说开去
——"卜"、"筮"、"占"简析

《史记·陈涉世家》载：陈胜吴广在预谋起义时，为了在众人中树立威望，有"乃行卜"之说，所谓"行卜"，就是进行占卜，也就是今天的打卦（把卦扔到地上，根据卦象推算吉凶）、起课（摇铜钱看正反面或掐指头算干支以推算吉凶）等迷信活动，古往今来，人们常"卜"、"筮"连用。如《史记·秦始皇本纪》在记述秦始皇焚书时说"所不去者，医药卜筮种树之书"，句中"卜筮"之书，即占卜之书，因古时单音词居多，文中既"卜"与"筮"并列而言，就说明二者是有区别的。如《左传·僖公四年》便有"初，晋献公欲立姬为夫人，卜之，不吉，筮之，吉"之说，那么，"卜"与"筮"究竟有何区别呢？《礼记·曲礼》曰："龟为卜，蓍（shī）为筮。"

卜 "卜"为一象形字，其甲骨文字形就像龟甲烧过后出现的裂纹。古人迷信，遇事便先用火灼龟甲，再根据龟甲的裂纹来预测吉凶。故《周礼·大卜》曰："问龟曰卜。"此种说法与《礼记·曲礼》"龟为卜"同义。所以，"卜"的本意便是占卜，后世凡从"卜"之字便多与占卜活动有关。如"卦"，即古代的占卜符号，后也指迷信占卜活动所用的器具，"占"，即占卜，"贞"，亦为占卜，等等。且凡含"卜"之词亦与之有关，如"卜辞"，即商代在甲骨上铭刻的占卜之辞，亦称"甲骨文"；

"卜正",即掌管卜筮的官;"卜骨",即占卜用的兽骨,一般选用牛、羊、猪的肩胛骨;"卜居",即占卜选择居住的地方;"卜宅",即用占卜决定建都的地方,也指用占卜决定住所或墓地;"卜老"是选择住地养老;"卜地"则是选择福地等等。

  筮 "筮"为会意字,从"竹",从"巫"。"竹"表草木,"巫"表占卜者。所以,"筮"的本意是古代用蓍草(通称蚰蜒草或锯齿草。多年生草本植物,茎有棱,叶子互生,羽状深裂,裂片有锯齿,花色白,结瘦果,扁平。全草入药,茎叶含芳香油,可做香料。我国古代用它的茎占卜)的排列来预测吉凶的一种迷信活动,也就是《礼记·曲礼》所说的"蓍为筮"。东汉许慎《说文解字》也有"筮,易卦用蓍也"之说。后世凡含"筮"之词亦皆与占卜有关。如"筮仕",即初次出仕做官,古人将出仕必先占吉凶,后因称出来做官为出仕;"筮验",即占筮的证验;"筮人",即掌卜筮的人,也就是司(掌握、掌管)占卦的人;"筮宅",即埋葬时,筮卜坟墓位置的适当与否;"筮日",即行卜筮礼仪之当日等等。

  占 "占"是"卜"与"筮"两种活动的统称,即察看甲骨的裂纹或蓍草排列的情况取兆推测吉凶。故《易·系辞》曰:"极数知来之谓占。"意思是尽量用卦、爻数来预知未来的叫"占"。句中"数"即占筮所用蓍策之数,这里指蓍策的推衍变化以及由此而产生的卦、爻的变化。"极数"犹言穷尽卦、爻的变化。《说文解字》亦云:"占,视兆问也。"故"占",从"卜",从"口",即以口问卜。今有"占卦"(按照卦象推断吉凶)、"占梦"(利用梦作预言,即圆梦)、"占工"(占者,即专门从事占卜的人)之说。

"仓库"称谓知多少

  我们今天所谓"仓库"是指存放大量物品的地方,但在古代,它们却各有分工。《韩非子·十过》中就有"仓无积粟,府无储钱,库无甲兵"之说,由此看,"仓"、"库"、"府"等词在古代是有严格区别的,试分述之。

  仓 即粮仓,是收藏谷物的处所。贾谊在《论积贮疏》中有句流传千古的名言:"仓廪实(充实)而知礼节。"意思是只有解决了人民的吃饭问题,才能提高人民的素质。《商君书·去强》也说:"仓库两虚(空虚),国弱。"句中"仓"亦指粮仓。

  廪 指米仓,也指官府的粮仓,常与"仓"连用。如《商君书·农战》中说:"仓廪虽满,不偷(怠惰)于农。"

  庾 原指露天的谷仓。如《国语·周语中》中就有"野有庾积"之说,是说野外有一个露天的谷仓。后来也泛指一般的谷仓。如杜牧在《阿房宫赋》中所说的"钉头磷磷,多于在庾之粟粒"之"庾"。

  库 古代指存放兵甲战车的地方。如上文中的"库无甲兵"之说,"甲兵"即铠甲和兵器。另外,我们常说的"刀枪入库,马放南山",句中"库"明显亦为此义。后来又引申为存放物品的地方。如《宋史·艺文志》:"太宗分三馆书万余卷,别为书库",句中"库"就大致相当于今天的图书馆。

府　古时指国家收藏文书或财物的地方。如上文中的"府无储钱"，句中"府"就相当于今天的银行了。再如《商君书·去强》："金（金钱）粟（粮食）两生，仓府两实，国强。"

注意，在先秦时期，"库"和"府"是有严格区别的，这从《左传·僖公五年》中所说的"使府人、库人各儆其事"中不难看出，只是后来又都指收藏财物的地方。如《史记·项羽本纪》："籍吏民、封府库，以待将军。"再如洪亮吉《治平篇》："遇有水旱疾疫，则开仓廪、悉府库以赈之"，句中"府"、"库"连用，变成了同义词。

帑　专指国家收藏钱财的仓库。《后汉书·郑弘传》就有"人食不足，而帑藏殷积"的记载，就是说老百姓连肚子都吃不饱，但国家仓库里却积聚着很多的钱财，暴露了社会的腐朽与黑暗。

榭　指收藏器物的房子。《汉书·五行志上》中就有"榭者所以藏乐器"之说。

阁　是收藏书籍的地方，与作"图书馆"解的"库"同义。如《汉书·扬雄传》："时雄校书（校订书籍）天禄阁（汉朝书楼名）上。"

说"官吏",话"官僚"

在现代汉语中,"官"、"吏"、"僚"三字都有"官员"的意思,但在古汉语中却不然,它们随着时代的变迁而用法各异。

官 在西汉之前,"官"本身并无"官员"义,而通常是指行政机关或职务。正如明梅膺祚所编《字汇》所说:"官,官舍曰官。"另外,《礼记·玉藻》亦云:"官,谓朝廷治事之处也。"如《礼记·玉藻》:"在官不俟屦,在外不俟车。"意思是对于国君的召唤,自己因急于前去,在官署时就等不及穿鞋,在官署外则等不及乘车。句中"官"即为官府或行政机关。而《尚书·咸有一德》"任官唯贤才"和《荀子·正论》"量能而受官"两句中"官"则指官职或官位,皆非"官员"义。直到汉代,"官"才衍生出"官员"义。因为"官"是会意字,甲骨文字形从"宀"(mián),以宀覆众,则有治众的意思,故转义为官吏,官员。东汉许慎《说文解字》就说:"官,吏事君也。"王充《论衡》有"圣主宽明于上,百官共职于下"的说法,清蒲松龄《促织》亦有"有华阴令欲媚上官"之句,此两句之"官"就明显为官员了。虽然如此,但其作为"行政职务"(即官职、官位)之义仍继续沿用。如《后汉书·张衡传》"所居之官辄积年不徙"及韩愈《师说》"位卑则足羞,官盛则近谀"两句中"官"仍指"官职"或"官位"。

吏 在春秋以前，大小官员皆称吏。《说文解字》："吏，治人者也。"《汉书·惠帝纪》亦载："吏，所以治民也。"另外，《管子·朋法》也有"吏者，民之所悬命也"的说法。如《左传·成公二年》："王使委于三吏。"意思是周王使他属于三吏管辖，而三吏（司徒、司马和司空）即后世所谓"三公"，是古代中央政府的最高长官，他们互不统属，直接对皇帝负责。《战国策·邹忌讽齐王纳谏》中亦有"群臣吏民有面刺寡人之过者，受上赏"的说法，由此看，"吏"在先秦时代确实是达官显贵的代称，所以至今仍有"封疆大吏"之说。一直到秦汉之后，"吏"才多指较低级的官员。如《史记·李斯传》在介绍李斯身世时就有"年少时，为郡小吏"之说，此处"郡"相当于现在的省，已不比中央，且是"小"吏，已与原意有了天壤高下之别。此种说法在课文中亦不鲜见。如《陌上桑》："十五府小吏，二十朝大夫。"杜甫《石壕吏》："暮投石壕村，有吏夜捉人。"柳宗元《捕蛇者说》："悍吏之来吾乡，叫嚣乎东西，隳突乎南北，哗然而骇者，虽鸡狗不得宁焉。"

僚 "僚"即官。如《尚书·皋陶谟》有"百僚师师"之说，是说百官们各师（学习）其师（老师）。后又特指在一起做官的人。如出自《后汉书·郑玄传》的一句名言："显誉成于僚友，德行立于有志。"所以我们今天仍有同僚、僚属之说。后又指属官、小官。如左思《咏史·其二》："世胄蹑高位，英俊沉下僚。"意思是说一些纨绔子弟因有权有势而身居高位，而那些英才俊杰因出身寒微而只能做低级的属官，深刻地揭露了当时社会政治的黑暗与腐朽。

说"完"、"备"

在文言文中,"完"和"备"虽都有"全"的意思,但二字的侧重点不同,故用法各异。

完 侧重于完整。故东汉许慎《说文解字》曰:"完,全也。"如《史记·廉颇蔺相如列传》:"城不入,臣请完璧归赵。""完璧归赵"即把和氏璧完好无损地带回赵国,今已演化为固定成语。再如杜甫《石壕吏》:"有孙母未去,出入无完裙。""完"即"完整""完好"义,与"破烂"相对。清代龚自珍《病梅馆记》:"余购三百盆,皆病者,无一完者。"句中"完"亦为"完整"、"完好"。今有成语"覆巢之下,安有完卵",亦为此义。另外,"完"在古代还指一种轻微的刑罚,汉以前指剪去犯人的须发,汉以后指罚作劳役,因其不伤肢体,故曰"完"。《汉书·刑法志》载:"完者使守积。"颜师古注:"完,谓不亏其体,但居作也。"意思是以剃光头发作为处罚,可以在家劳作。古人蓄发爱发,剃发便是一种轻微处罚。

备 侧重于数量多,有"应有尽有"之义。《广雅·释诂三》曰:"备,具也。"如《荀子·天论》:"养(指给养、衣食)备而动时,则天不能病。"意思是说,衣食齐备充足,又按时活动,那么天也不能使人生病。再如《荀子·劝学》:"积善成德,而神明自得,圣心备焉。"就是说积累善行养成良好的品德，于是精神就能达到很高的境界，智慧就能得到发展，圣人的思想也就具备了。课文《岳阳楼记》（宋·范仲淹）中"前人之述备矣"之"备"即为"完备"、"齐备"义。另外，林嗣环《口技》："当是时，妇手拍儿声，口中呜声，儿含乳啼声，大儿初醒声，夫叱大儿声……一时齐发，众妙必备。"句中"备"亦为"完备"、"应有尽有"之义。今有成语"德才兼备"、"备而不用"等。

"黔首"、"黎民"、"庶民"、"百姓"、"布衣"辨析

"黔首"、"黎民"、"庶民"、"百姓"、"布衣"都有平民百姓之意，多是以服饰来指代身份，析之如下。

黔首 是中国战国至秦对百姓的称呼，"黑"指"黑色头巾"，"今"意为"当面的"，"黑"与"今"联合起来表示"戴黑色头巾出门见人"，即以黑色头巾作为出门的行头，故名。秦始皇自以为得水德，衣服旄旌节旗皆尚黑，平民以黑巾裹头。《史记·秦始皇本纪》："（二十六年，）更其民曰黔首。"这也是秦统一中国后更定名物制度的内容之一。《说文》："黔，黎也。从'黑'，'今'声。秦谓民为黔首，谓黑色也。"

黎民 《书·尧典》云："黎民于变时雍。"蔡沈集传："黎，黑也，民首皆黑，故曰黎民。"因黔与黎同义，故秦始皇二十八年泰山刻石用"黎民"。另一种说法是：炎帝和黄帝结成联盟攻打蚩尤时，将战败被俘的九黎人，则称作"黎民"，或简称为"民"。他们没有家室，也无姓氏，并被刺瞎一目作为特有的标记，甚至可以被奴隶主作用人牲，杀死以祭神或殉葬。

庶民 《说文》曰："庶，屋下众也。"《尔雅》亦曰："庶，众也。"因历代官少民多，故民曰"庶"。秦始皇三十二年碣石石刻即用"黎庶"来称谓百姓。

百姓　百姓是各种姓的统称。我国奴隶社会中，庶民无姓，只有贵族有姓，遂以"百姓"作贵族的通称。《诗经·小雅·天保》："群黎百姓，遍为尔德。"毛传："百姓，百官族姓也。"随着时间的推移，"百姓"和"黎民"的差别越来越小，战国以后，"百姓"就沦为被统治的平民了，也就是"黎民百姓"了。

布衣　顾名思义，"布衣"即用布做的衣服。古代衣冠有严格的等级区分，一般是官绅衣帛，庶人衣布，布的质料泛指麻、苎、葛、棉，故后人用"布衣"借指平民。诸葛亮在《出师表》中曾云"臣本布衣"。

"简"、"牍"、"札"、"策"辨析

"简"、"牍"、"札"、"策"都指书籍,但用法各有侧重。"简"的本义是竹简,即古代书写了文字的狭长竹片。战国至魏晋时代的书写材料,是削制成的狭长竹片或木片,竹片称"简",木片称"札"或"牍",统称为"简",即竹木简。如《汉书·艺文志序》:"迄孝武世,书缺简脱。"句中"简"即成书的竹简。"牍"则指古代写字用的木片,从"片","卖"声。"片",本指木头竖剖成的一半,古时用木片作书写材料,故从"片"。《说文》曰:"牍,书版也。长一尺,既书曰牍,未书曰椠。"是说用于写字的木板长一尺,写上字的叫"牍",未写字的叫"椠"。故《史记·陈遵传》有"与人尺牍"之说,"尺牍",即长一尺的字板。"札",从"木","乙"声。本义是古代用来写字的小木片。《说文》曰:"札,牒也。"如《汉书·司马相如传》:"上令尚书给笔札。"句中"笔札"即写字用的木片。"牍"或"札"也称简,即木简。若干竹木简编缀在一起叫"策",也写作"册"。《〈左传·序〉疏》曰:"单执一札谓之为简,连编诸简乃名为策。"如宋濂《王冕读书》:"执策映长明灯读之。"句中"策"即为书册。另外,晋代杜预《左氏春秋传·序》:"诸侯亦各有国史,大事书之于策,小事简牍而已。"对此,唐人吕尚解释说:"大竹曰策,小竹为简,木板为牍。""策"、"简"、"牍",于此可见一斑。

第九章

宿儒风采

——与往圣为邻

淡泊明志说"居士"

古人除了"名"、"字"之外,往往再自取一"号"以明其志。古"居士"中除"诗仙"李白以自己的家乡(四川江明县青莲乡)为"号"(青莲居士)外,其他几位"居士"还都各有一段鲜为人知的佳话呢。

白居易 香山居士:白居易二十九岁中进士后,怀着"兼济天下"的理想,屡次上书针砭时弊,同时还写下了许多反映人民疾苦和揭露统治阶级罪恶的"讽喻诗"。中年之后一度被贬。晚年的白居易思想消沉,醉心佛道,飘然有出世之想。他爱上了香山的清幽,和香山寺的僧众亦有来往。诗人曾多次去香山寺游览,并对香山寺进行了两次大规模的修葺,还把佳酿的醇酒和满架的书都搬移到香山寺去,并作《香山寺二绝》以明志。自己的一些诗文抄本亦有一部分置于香山寺,诗人对香山寺的感情由此可见一斑,故诗人晚年自号为"香山居士"。

欧阳修 六一居士:欧阳修一生历尽起伏变化,时而高居庙堂,时而远处江湖。晚年的欧阳修意志消沉,只希望能过上自由自在的归隐生活,曾有《六一居士传》传世。

客有问曰:"六一何谓耶?"居士曰:"吾家藏书一万卷,辑录三代以来金石遗文一千卷,有琴一张,有棋一局,而常置酒一壶。"客曰:"是为五一尔，奈何？"居士曰："以吾一翁，老于此五物之间，是岂不为六一乎？"

　　文章采用对话方式，通过一万卷书，一千卷金石遗文，一张琴，一局棋，一壶酒，再加自己一老翁，写出了自己晚年生活的惬意和欢欣，故自号曰"六一居士"。

　　苏轼　东坡居士：苏轼于宋仁宗嘉祐二年中进士，开始走上仕途，并在北宋急剧的政治漩涡中浮沉一生。元丰二年（公元1080年），苏轼被贬往黄州。由于政治地位的降低和经济条件的恶化，一家人的生活非常艰苦。第二年，在好友马正卿的帮助下，求得黄州东门外的一块土地，人们称之为"东坡"。经过苏轼一家的艰苦努力，生活才有了一定程度的起色。后来，苏轼又在东坡建了几间小屋，由于在大雪中完工，被苏轼命名为"东坡雪堂"。东坡给苏轼带来的不仅是稼穑之乐，同时精神上也获得了很大的满足。于是，苏轼对东坡渐渐产生了感情，生活态度也发生了很大的变化，甚至期望在此过一种"弄水挑菜"、"庵居蔬食"的隐逸生活，于是自号"东坡居士"，苏轼也被越来越多的人称之为"苏东坡"。

　　李清照　易安居士：李清照与太学生赵明诚婚后不久，赵家即遭变故。先是赵明诚的父亲染病身亡，后又遭权奸蔡京抄家。夫妇二人只好离开汴京（今开封）移居青州。从此，李清照便协助丈夫集中精力研究金石，购置文物。生活十分清苦，不仅"食去重肉，衣去重彩"，甚至到了典衣当物的地步，然"虽处忧患困穷，而志不屈"。夫妇二人于古物收集研究之余，仍诗词唱和，目往神受，安居乐业。赵明诚便将宅第更名为"归来堂"（取陶渊明"归去来兮"之意），李清照也表示"甘心老是乡矣"，便将自己的居室命名曰"易安室"，自号"易安居士"。但世事难料，女词人终未能"老是乡"，随着金兵南侵，丈夫病逝，一代才女在无限愁苦中含恨离开了人间。

蒲松龄　柳泉居士：蒲松龄的家乡淄博市蒲家庄有一井，名为满井。据载，此井早年有清泉喷涌，外溢为溪，虽大旱而不涸，故称满井。蒲家庄也由此得名满井村。当年，满井周围多有翠柳，蒲松龄又移来四棵线柳，亲手植于井围，于是人们便改"满井"为"柳泉"，蒲松龄亦因之为号曰"柳泉居士"。

（刊于《语文学习报》2008 年 5 月 12 日第 45 期）

蒲松龄祭灶

清代文学大家蒲松龄因创作出在艺术上代表我国文言短篇小说最高成就的《聊斋志异》而名垂青史，被人们尊为"一代文学大师"。但身后的辉煌却难以弥补其生前的落魄。他笔耕一世，到头来却仍是生活事业两困顿，终日过着"半饥半饱清闲客，无锁无枷自在囚"的生活。

有一年腊月二十三，正是辞灶的日子。按照风俗，家家户户都应略备酒肴菜蔬祭祀灶君，好让灶君老爷能"上天言好事，下界保平安。"可此时"身瘦犹存骨，家贫仅立锥"（《王长人斋中谦集因怀如水》）的蒲松龄却连为灶君饯行的一杯薄酒都没有，更别说美味佳肴了。但风俗不可免，这时，胸中有万千丘壑、笔端有千古文章的蒲松龄便即席作祭灶文一篇：

到手金钱，如毛燎火，烘然一焠（烧，烤）完之。值祠神时节，莫备肴（做熟的鱼肉）胾（切成大块的肉），瓦炉仅有香烟绕，酹（把酒浇在地上表示祭奠）灶前浊酒三卮（古代盛酒的器皿），料应神圣，不因口腹，捏是成非。况复盎（古代一种腹大口小的器皿）盋（即碗）相依，念区区（自称的谦辞）非吝，神所周知。倘上方见帝,幸代陈词:仓箱讨得千钟粟,从空堕万铤(古代重五两或十两的金银货币)未提(投掷),尔年此日,牺牲(古代祭祀用的牲畜)丰洁,两有光辉。

这篇文章的大体意思是:我蒲松龄收入微薄,到手的钱财就像用火烤毛,一烘就完了。在这祭灶的日子里,我没有准备大鱼大肉,泥瓦香炉中只有一柱香烟缭绕,在灶前为你洒下三杯浊酒,想你灶君,不会因供奉不好,而搬弄是非吧!更何况我碗罐皆空,想我蒲松龄亦非吝啬之辈,这是神所共知的。如果你在上天见到玉帝,请代为转告:从仓箱中赐给我千钟粟,从半空中抛给我万两金。能如此,则来年今日,你就可以享用丰盛清洁的供品了,这样,你我也都有面子。

面对虚无缥缈的神灵,蒲松龄以调侃的语气向即将"上天"的"灶王"陈述了自己的困境,集智慧、幽默、乐观、风趣于一身,其"贫贱不能移"的"大丈夫"气概及所表现出来的乐观主义精神着实令人折服。读之,让人捧腹;思之,又令人心酸!

(刊于《语文学习报》2008年12月15日第24期)

古人雅称拾趣谈

"洗耳翁"——（上古）许由

晋皇甫谧《高士传·许由》载：相传尧帝要将"天下"禅让给许由。许由非但不受，反而躲到颍水之北，箕山之下，农耕而食。尧又请他做九州长官，他表示不愿做九州长官，便跑到颍水之滨去洗自己的耳朵。恰好他的朋友巢父正想在下游饮牛，见许由洗耳，便问是怎么回事。许由说："尧想请我做九州长官，我不愿听到这类话，所以在这里洗洗耳朵。"巢父说："如果你在高山深谷中隐居起来，不合外人互通音讯，谁还能知道你呢？之所以如此，还是因为你心存浮躁，有显身扬名之心啊。你真不配做我的朋友！"巢父深恐洗过耳的水再污染牛口，就将牛牵往上游饮水。许由死后，葬在箕山之上，因此，箕山又名许由山。为了纪念许由，人们在河南汝州西关南建有许由庙，又在许由庙旁凿一水井，命名为"巢父井"，也将那条河命名为"洗耳河"。以此作为对这位高士的永久纪念。唐李白在一首古风中说："世无洗耳翁，谁知尧与跖！"意思是说，世上没有了像许由那样不慕荣利的人，谁还能分得清圣贤（尧）与盗贼（跖）呢？诗人不仅鄙夷那些残害人民的强盗，同时也暗指当时最高统治者忠奸不分，是非不辨。

"强项令"——（汉）董宣

《后汉书·董宣传》载：董宣为洛阳令。当时湖阳公主家的奴仆白天杀人，因藏匿在公主家里，官吏不能抓捕到。等到公主出行，用这个家奴当随从，董宣就在夏门亭等候他们。公主一到，董宣就拦住车马，用刀在地上画着，大声数落公主的过失，呵斥那个家奴下车，就地杀了那个家奴。公主立即回宫向皇帝告状。皇帝很生气，召来董宣，要用鞭子打死他。董宣磕头说："请让我说一句话再死。"皇帝说："想说什么？"董宣说："陛下圣德，使国家中兴，却放纵家奴杀良民，今后将如何治理天下呢？我不需用鞭子打，请让我自杀。"就用头撞击房柱，血流满面。皇帝命令宦官挟持着董宣，让他磕头向公主谢罪，董宣不听从。宦官强使董宣磕头，董宣两手撑地，始终不肯低头。公主说："文叔做普通人的时候，私藏逃亡罪人，官吏们不敢上门搜捕。如今做了天子，威势竟然不能使一个洛阳令听命吗？"皇帝笑着说："天子与一般人身份不同。"于是就敕封董宣为"强项令"，放了他，赐给他钱三十万。董宣把钱全部分给了下属官员。董宣从此开始打击豪强恶霸势力，没有不震惊害怕的。京师百姓称他为卧虎，歌颂他说："董少平做洛阳令，鸣冤之鼓不再响。"

"七步才"——（东汉）曹植

南朝宋刘义庆《世说新语·文学》载：魏文帝曹丕曾令自己的亲弟弟东阿王曹植在七步以内写出一首诗，不然就要杀掉。曹植答应后，果真在七步内写了一首诗："煮豆持作羹，漉菽以为汁，萁在釜下燃，豆在釜中泣，本是同根生，相煎何太急？"魏文帝听后，深深地露出惭愧的神色。

"八斗才"——（东汉）曹植

五代李翰《蒙求》载：南朝宋谢灵运，是我国古代著名的山水诗作家。他的诗，大都描写会（kuài）稽、永嘉、庐山等地的山水名胜，他善于刻画自然景物，开创了文学史上的山水诗一派。他写的诗艺术性很强，尤其注意形式美，很受文人雅士的喜爱。诗篇一传出来，人们就竞相抄录，流传很广。宋文帝很赏识他的文学才能，特地将他召回京都任职，并把他的诗作和书法称为"二宝"，常常要他边侍宴，边写诗作文。一直自命不凡的谢灵运受到这种礼遇后，更加狂妄自大。有一次，他一边喝酒一边自夸道："天下才共一石（一种容量单位，一石等于十斗），曹子建（即曹植）独得八斗，我得一斗，自古及今共用一斗。"从他的话中可以看出，他除了佩服曹植外，其他人都不放在眼里，自我评价甚高。

"烂柯人"——（晋）王质

南朝梁任昉《述异记》载：晋代有个叫王质的樵夫，在新安郡（今浙江衢州）石室山砍柴，看到有几位童子有的在下棋，有的在唱歌，王质就到近前去听。童子把一个形状像枣核一样的东西给王质，他吞下了那东西以后，竟然不觉得饥饿了。过了一会儿，童子对他说："你为什么还不走呢？"王质这才起身，他看自己的斧子时，那木头的斧柄已经完全腐烂了。回到乡里，见到的人竟然全不认识他。一打听，原来他在山上看一盘棋的时间，山下已经过去了一百年。故事中所说的石室山，因为这个美丽的神话故事,已经被人们称为烂柯山了。唐人刘禹锡在《酬乐天扬州初逢席上见赠》中"怀旧空吟闻笛赋,到乡翻似烂柯人"即借用此典,说自己在外二十三年,如今回来,许多老朋友都已去世,只能徒然地吟诵"闻笛赋"表示悼念而已。此番回来恍如隔世,觉得人事全非,不再是旧日的光景了。既暗示了自己贬谪时间的长久,又表现了世态的变迁,以及回归之后生疏而怅惘的心情,含义十分丰富。

"倚马才"——(东晋)袁虎

南朝宋刘义庆《世说新语·文学》载:公元369年,桓温自姑孰率师北伐前燕。当时袁虎也随从出征,因事顶撞了桓温,受到桓温的责备,被罢了官。正好急需写一份告捷公文,桓温便叫袁虎起草。袁虎靠在马旁,手不停笔,一会儿就写了七张纸,且写得很好。当时东亭侯王珣也在旁边,极力赞赏他的才华。袁虎说:"也该让我从齿舌中得点好处。"意思是,有才而官不利,文才得到东亭口头赞赏,也算于齿舌间得到点好处。

"咏絮才"——(东晋)谢道韫

南朝宋刘义庆《世说新语·言语》载:在一个寒冷的下雪天,东晋宰相谢安把家里人聚在一起,和子侄们谈论讲解文章。一会儿,雪下得又大又急,谢安兴致勃勃地问道:"白雪纷纷何所似?"侄子胡儿说:"撒盐空中差可拟。"侄女谢道韫说:"未若柳絮因风起。"谢安大笑,非常高兴。这位侄女就是他大哥谢无奕的女儿,左将军王凝之(王羲之次子)的妻子。

"夺锦才"——(唐)宋之问

宋朝欧阳修《新唐书·宋之问传》载：天授元年（公元690年），武则天在洛阳称帝，建立武周王朝，梁王武三思奏请：敕名"香山寺"，并重修该寺。重修后的香山寺危楼切汉，飞阁凌云，巍巍壮观，武则天常驾临游幸。有次巡游到洛水以南龙门地方时，下令随从的臣子们做诗。左史东方虬诗先做好，武后就赏赐他一件锦袍。宋之问过了会儿也把做好的诗献上，武后看后，十分赞赏，又把赏给东方虬的锦袍夺回来赏给了宋之问。从此，留下了"香山赋诗夺锦袍"的佳话。

"八叉手"——(唐)温庭筠

宋朝孙光宪《北梦琐言·温李齐名》载：唐朝末年，太原人温庭筠与诗人李商隐齐名，时称"温李"。据说温庭筠每次吟诗作赋时，叉手（两手相拱）构思，不打草稿。叉手八次，一篇精妙小赋便做好了。

"青词宰相"——(明)严嵩

所谓青词，就是道教斋醮（jiào）时上奏天帝所用的表章，因用朱笔写在青藤纸上，故名。这是一种赋体文章，需要以极其华丽的文笔表达出皇帝对天帝的敬意和求仙的诚意。明世宗（嘉靖皇帝）在政治上无甚建树，却将主要精力放在了玄修上，热衷于炼丹制药和祈求长生。在那些看似神秘的仪式中，他经常需要撰写一些焚化祭天的青词，因此就经常要求臣下进献青词，写得好的立即加官晋爵，甚至入内阁。当时朝中的许多大臣都因进献青词而得宠，与严嵩同榜的状元顾鼎臣就因青词得宠而入内阁。严嵩文笔颇佳，所作青词无不合乎世宗之意，因而找到了一条升官的捷径。嘉靖十八年（1539）正月，皇帝举行"尊天重典"，礼部尚书严嵩尽职尽责，作青词颂德，被特加太子太保。当时，夏言与严嵩"俱以青词得幸"，由此就产生了明朝乃至中国历史上都非常奇特的"青词宰相"。

（刊于《现代教育导报·中学生》2009年5—6月合刊）

欧阳修改文趣话

古语云："文章不厌百回改"。古往今来的文章大家都是修改文章的高手，北宋著名文学家、诗文革新运动的倡导者欧阳修在这方面更是给我们留下了不少广为人知的佳话。

北宋有一重臣名叫韩琦，相州（今河南安阳）人，在任相州知州时建了一所房子，名"昼锦堂"（因项羽有"富贵不归故乡，如锦衣夜行"之语，韩琦反其意而用之），欧阳修为之作《相州昼锦堂记》。写好后，差人送给韩琦。但几天后，又命人把另一篇《相州昼锦堂记》送过去，说是上次写得不够好，有一点小毛病。韩琦将两篇文稿仔细对照，才发现第二篇只多了两个"而"字，即把第一篇中的"仕宦至将相，富贵归故乡"改成了"仕宦而至将相，富贵而归故乡"，但仅仅这一细微的改动，就使文气更加流畅了。欧阳修此举令韩琦大为赞赏，于是请人把这篇《相州昼锦堂记》刻在石碑上，以示纪念。

晚年的欧阳修把主要精力放在了对自己旧作的整理上，在整理过程中，他仍是一丝不苟、精益求精。一次，一直工作到深夜的欧阳修仍未休息，其妻薛夫人劝他："寒甚，当早睡，胡不自爱自力？此己所作，安用再三阅？宁畏先生嗔耶？"欧阳修笑答："不畏先生嗔，却怕后生笑！"读之令人叹服。

另外,其名篇《醉翁亭记》的起句"环滁皆山也"准确简洁、劈空而来,历来为人称道。据说欧阳修一开始写的时候用了几十个字来叙述四周各山,后来反复斟酌,不断修改,只剩下五个字,真是言简意赅。

正是这种一丝不苟的精神,才造就了这样一位旷世奇才,也给我们留下了锦绣文章。

(刊于《语文学习报》2010年2月1日第31期)

寄情寓意说"起名"

孩子是父母的希望,那么作为孩子代号的名字自然也就寄寓着父母的深情厚谊与殷殷期盼。在横亘古今的历史长河中,不少熠熠生辉的名字背后总有一些趣闻佳话。

孔子名丘,字仲尼

孔子的父亲叔梁纥,"以勇力闻于诸侯"。曾先娶妻施氏,生了九个女儿。又娶妾,生了个儿子,取名伯尼,却是个跛子。叔梁纥认为有失体面,总希望有个像样的儿子继承自己的家业。于是又向颜家求婚,在66岁高龄时与尚不满20岁的颜家三女儿颜徵在结了婚,并于鲁襄公二十二年(前551年)生了孔子,取名为丘,字仲尼。因为当时夫妇生子心切,在颜徵在怀孕时,便按当时的习惯,同去曲阜城南的尼丘山(亦名尼山)祈祷山神,保佑生个儿子。后果然生了孔子,故取名为丘,字仲尼,以示对山神永久的纪念,同时也希望山神能保佑儿子一生平安,有所建树。父母之情可见一斑。

陶渊明名潜，字元亮

　　陶渊明的父亲陶逸，曾任安城（今江西安福）太守，性喜虚无恬淡，为官不喜，去职不怒。正当陶逸在家养病时，陶渊明出生了。让儿子走一条什么样的人生道路呢？为官，唯恐官场凶险；为民，又愧对列祖列宗（陶渊明的曾祖父是大司马陶侃，祖父陶茂也做过武昌太守）。他思前想后，终于为儿子取名为"潜"，字"元亮"。潜，即希望儿子沉住气，安下心，不气馁，不浮躁，如龙潜深渊。元亮，意即要像三国时期诸葛亮那样，抓住机遇，陈力而出，运筹帷幄，决胜千里。上建功于朝廷，下施恩与百姓。再值得一提的是，到陶渊明28岁时，儿子出生了。陶渊明为其取名为"俨"。"俨"即恭敬、庄重之意，也就是说陶渊明希望儿子在今后的生活中要温和恭顺，有礼有节。又为其取了个小名叫"舒"，取了个字叫"求思"。"舒"者，舒展自如也。"思"即"子思"，孔子的孙子，著有《中庸》，继承并发展了儒家学说。"求思"就是要儿子向子思学习的意思。

苏轼字子瞻，苏辙字子由

　　对于苏氏兄弟名字的由来，其父苏洵在《名二子》中有过这样的论述：比如一辆车，它的轮子、车条、车盖、车轸（车厢底部四面的横木），都是有具体的使用价值的，只有"轼"——车厢前面作扶手用的横木，从表面看它没有什么用途，但少了它，车就不完整了。为长子取名为"轼"，即希望他收敛锋芒，做一个对国家有用的人。因为"轼"可供人扶着张望，所以苏轼之字为"子瞻"，"瞻"，望也；"子"，古代对男子的美称。而"辙"是车轮经过所留下的痕迹，车的行进必须沿辙而行，而论到车的功劳,"辙"却不会有份。而退一步说,假如车毁马亡,这是与辙无关的,即车辙是不会承担什么连带责任或罪责的,正处于祸福之间、可以安身立命的安全地带。所以苏洵为幼子取名为"辙",其舐犊之情不言而喻。而"子由"的"由"则有"经由"之意,与车的行进有关。

"一字之师"例说

"一字之师"即能给人改正一个字的老师。历史上有不少"一字之师",给后人留下了脍炙人口的佳话。

李德裕的一字之师——小吏

五代王定保《唐摭言切磋》记载:唐朝宰相李德裕在读《春秋》时,把"孙叔婼(ruò)"误读为"孙叔婼(chuò)",旁边一小吏引《经典释文》帮其改正,李德裕深感惭愧,"命小吏受北面之礼(即居于尊位,以受礼遇),号为'一字师'。"

齐己的一字之师——郑谷

宋朝陶岳《五代史补》记载:唐朝诗人郑谷住在袁州时,一个擅长作诗的僧人齐己带着自己的诗作前去拜见他,其中有一首《早梅诗》写到:"前村深雪里,昨夜数枝开。"郑谷看了笑着说:"'数枝'不能表现出早意来,不如用'一枝'好。"齐己惊讶不已,不由得提衣整装,举手加额长跪而拜。从此,文人们便把郑谷看作齐己的"一字之师"。此典亦见于宋朝计有功《唐诗纪事》。

杨万里的一字之师——小吏

宋朝罗大经《鹤林玉露》卷一三载：南宋著名诗人杨万里有一次在书房与朋友们谈起晋人干宝的事，但把"干宝"说成了"于宝"，一名小吏近前说："大人所说的那个人不叫'于宝'，叫'干宝'。"杨万里问："你怎么知道？"小吏便从怀中取出一本韵书，翻到相关内容，果然，"干"字下面有一注释说："晋有干宝。"杨万里大喜，对小吏说："你就是我的'一字之师'了。"

胡絜青的一字之师——孙喜顺

老舍的夫人胡絜青先生曾写过一副对联——"有天皆日丽，无地不春风"发表在《人民政协报》上。河北井陉威州中学的孙喜顺老师见到后，觉得上联中的"日丽"不如改为"丽日"，这样，上下联才对仗工稳，于是便给报社写信陈述自己的看法。报社把信转到胡絜青先生手中，胡絜青先生便立即回信给孙喜顺老师："大札已拜读。一字之师，十分可贵！可敬！我在政协会议过后，有一项文娱活动，在当时挥笔潦草写这么十个字。那时将近傍晚，精力已经不足，所以出此荒疏，对仗时竟然出了错误，以后当以为戒。……请您以后不断指教是幸！"胡絜青先生虚心求教的精神着实令人感动。

范仲淹苦读并其家训《百字铭》

集 政治家、军事家、文学家于一身的北宋名臣范仲淹一生忧国忧民，公而忘私，令人景仰。在日常生活中，其节俭的持家风范也令人感佩。

范仲淹自幼家境贫寒，在长白山醴泉寺读书时生活非常艰苦，每天只能用粟米粥充饥。他先把粟米煮熟，待粥冷却后再切成四块，早晚各吃两块。另外，再把蔬菜切碎，加半杯醋，少许盐，烧熟当菜，这一过就是三年。到二十三岁时，范仲淹只身到南都应天府书院求学，生活亦异常清苦。南都留守的儿子与范仲淹同学，对他很是敬佩，便把范仲淹苦读的情况告诉了父亲，父亲便特地备菜让儿子送给范仲淹，范仲淹却婉言谢绝说："非是不感厚意，只是我吃粥已习惯了，今一吃美味佳肴，以后就要以吃粥为苦了。"后来，他在家书中也说："老夫平生屡经风波，唯能忍穷，故得免祸。"

范仲淹不仅自己清贫自守，以身作则，还时刻不忘告诫家人要戒奢持俭。他常对孩子们说："我年轻时家贫，与你们母亲侍奉祖母时，你们母亲总是亲自烧洗。奶奶未过多少好日子就去世了，你们年轻，可不要贪图享乐啊。"其次子纯仁娶妻归家时，有人传言说新妇以罗绮作帷幔，范仲淹听说后很不高兴，说："罗绮岂是作帷幔之物？我家素来清俭，怎能乱我家法！"把新婚中的儿子儿媳责谕一番。

为了更好地教育孩子们，范仲淹特意作了家训《百字铭》：

"孝道当竭力，忠勇表丹诚。兄弟互相助，慈悲无边境。勤读圣贤书，尊师如重亲。礼仪勿疏狂，逊让敦睦邻。敬长与怀幼，怜恤孤寡贫。谦恭尚廉洁，绝戒骄傲情。字纸莫乱废，须报五谷恩。做事循天理，博爱惜生灵。处事行八德，修身奉祖神。儿孙坚忠守，成家种善根。"

这则铭文的大意是：为人应竭力向双亲尽孝道，对国家要忠诚勇敢表达自己的一片赤诚之心。兄弟之间要互帮互助，对人要以慈悲为怀，广施仁义。务必勤读圣贤之书，要像尊重父母一样去尊重老师。在礼节上不能有丝毫的疏忽、轻狂，与邻相处要谦逊、礼让、和睦。要尊敬长辈，怜悯幼小，并爱怜、体恤孤寡贫困之人。谦虚、恭让，崇尚廉洁，杜绝骄纵、孤傲之情。一纸一字切莫浪费，要知道老百姓是我们的衣食父母，要知恩图报。做事要遵循自然法则，对天下生灵要心胸宽广，普施爱心。为人处世履行道德操守，洁身自好，修身养性以供奉祖宗和神灵。对以上这些，子孙们要坚定忠诚地遵守，为传承家业种下惠德善根。

铭文虽短，却意味深厚。他明示子孙既要节俭修德，又要忠孝传家，读之，令人钦佩。

追忆陶祭酒

陶渊明,东晋柴桑(今江西九江西南)人,生于公元 365 年,卒于公元 427 年,享年 63 岁。

纵观陶渊明的人生轨迹,大致可分为三个阶段:读书、出仕和归隐,而出任江州祭酒则是他 13 年出仕生涯中迈出的第一步,州祭酒就是主管一个州的文化教育事业的官员。

公元 393 年,时年 29 岁的陶渊明忽然被时任江州刺史的王凝之邀请,要其出任江州祭酒。这王凝之便是东晋著名书法家王羲之的次子,其书法得其父真传,写得一手流丽洒脱的行书,但其声望和品行却远不及其父兄,亦懒于政事庶务。难怪其妻谢道韫(安西将军谢奕之女,指挥淝水之战的风流名相谢安的侄女,有"咏絮才"之美誉)初嫁后有"天壤王郎"之慨叹。

由于陶渊明的诗文风格很受谢道韫的欣赏和推崇,因此她便有结识这位五柳先生之意,于是便建议丈夫王凝之在州衙门里给陶渊明安排个位置。而王凝之也想借陶渊明的才识和名望来壮大自己在江州的声势,也就顺水推舟地答应下来。

素怀大志的陶渊明虽早已耳闻官场内的乌烟瘴气和尔虞我诈,但出于生计还是接受了。初为祭酒的陶渊明踌躇满志,不久便结合实际提出了自己的施政方案：

一是设置义学，普及教育。当时，无论国学还是私学，受教育者都须交纳极其昂贵的教育费用，这就使穷苦人家的孩子因交不起学费只能望"学"兴叹。而陶渊明所提倡的"设义学"，从根本上讲就是让学生享受免费的教育，大致相当于今天的义务教育，这样就可以帮助广大寒门子弟完成学业，以利其修身行事。

二是讲授"六经"，以利教化。所谓"六经"，就是六部儒家经书，包括《诗经》、《书经》、《礼经》、《易经》、《乐经》和《春秋经》，也称"六艺"。讲授"六经"就是用儒家为人从政的思想去培养人、教育人，让他们出可以为君王谋事，入可以替父母分忧，从而有利于地方教化。

三是举贤任能，澄清吏治。当时，在选拔人才上仍采用曹魏时期曹丕制定的"九品中正制"，但此时它已暴露出种种弊端，出现了"上品无寒门，下品无势族"的现象，公卿之官只能出于公卿之门，严重影响了政治的清明。所以，陶渊明认为应恢复曹操所提倡的"唯才是举"的做法，即只要有"治国用兵之术及高才异质"者均可选用，为社会选拔出各个方面的优秀人才。

四是尊古抑今，有所扬弃。当时社会郑声盛行，所谓"郑声"，就是指一些淫靡的乐曲和诗歌，大致相当于今天的一些不健康歌曲。这种郑声大作、艳曲泛滥的局面给纯朴的民风和整个国家风气都带来一定蛊惑性的破坏，被众多有识之士视为亡国的靡靡之音、乱世的罪魁祸首。陶渊明认为，教化大业必须尊奉"古乐"，即周代的礼乐文化，使音乐之美建立在符合礼仪的基础上，这样才能以文风正士风、以士风正政风、以政风正民风。

可是，陶渊明的施政方案一出台，便立刻遭到了当权者的"狂轰滥炸"。说"设义学"是耗费资财、别有用心；说"举贤能"是违反王法，属无端异说；而对于尊"古乐"、远"郑声"则更是振振有词。有位故老竟至毫无掩饰地向陶渊明直接发难:"请问陶祭酒:不知你《闲情赋》所云'愿在衣而为领,承华首之余芳;悲罗襟之宵离,怨秋夜之未央!愿在裳而为带,束窈窕之纤身'算不算郑声之类?以老夫所见,如此描述实在不雅,不雅之至啊。"这段话的大体意思是:愿化作她上衣的领襟呵,承受她姣美的面容上发出的香馨,可惜罗缎的襟衫到晚上便要从她身上脱去,长夜黯暗,只怨秋夜漫漫天光还未发白!愿化作她外衣上的衣带呵,束住她的纤细腰身。

的确,如果说故老们的前几项非议纯属用居心叵测、用心险恶的话,而其《闲情赋》确也给后人留下了诸多叹惋。南朝梁萧统曾在《陶渊明集序》中说:"余素爱其文,不能释手,尚想其德,恨不同时,故加搜校,粗为区目。白璧微瑕,惟在《闲情》一赋,扬雄所谓劝百而讽一者,卒无讽谏,何足摇其笔端?惜哉!亡是可也。"意思是说:我非常喜欢他的诗文,爱不释手,我崇拜他的品德,恨自己没有和他生活在一个时代。所以搜集校正他的作品,简单的作了一个集子。白色的玉璧也存在瑕疵,他的作品的瑕疵只有《闲情赋》,扬雄所说的作品要起到劝百讽一的作用,如果没有劝谏世人的作用,何必写出来呢?可惜啊!陶渊明不写这篇就更好了。由此我们不难看出萧统对此的痛心和遗憾。但金无足赤,人无完人,陶渊明毕竟是人,而不是神,人总是要犯错误的。所以我们不能像"春秋责备贤者"那样去责备陶渊明,这只是因陶渊明颇具盛名,一言一行皆为人所知罢了。子贡曰:"君子之过也,如日月之食焉:过也,人皆见之;更也,人皆仰之。"此言得之。

经过故老们的一番讨论和争辩,最终,那饱含陶渊明心血、寄寓陶渊明理想的教育改革方案还未及施行便被江州刺史王凝之付之一炬了……

但历史是公允的,虽历经1600余个春秋,后人还是记下了那个未始而终的改革方案,记下了那位曾任江州祭酒的、赫赫有名的柴桑大隐——陶渊明。

第十章

下水示范

——文学情结

母 爱

人们已不止一次发现桂芳注意初一年级的双双了。每次见到双双,她总忍不住要多看几眼,目光中充满了关切,充满了爱护。

桂芳是学校的宿舍管理员。在双双的房间,她用慈母般的眼光审视着正在熟睡的双双,随后她又亲了下双双,好像很感谢生活给了她这次意外的赏赐,她似有笑意,但临走的时候,却已泪水滂沱。

双双是学校的体育爱好者,对乒乓球更是情有独钟。有一次双双参加初一年级的乒乓球比赛,一向不喜爱体育运动的桂芳也早早赶到现场。此刻,她显得比双双还要激动。双双每打出一个好球,她都会流露出难以抑制的喜悦,那神情已远远超出了师生间的情谊。最后,双双夺得了冠军,她真想跑过去抱起双双,再给他一个甜蜜的吻。但她却没有,她似乎已觉察到了自己对双双的种种失态以及人们对她那尚无恶意的但充满了疑惑的眼光,她怕人们嘲笑她,笑她痴、笑她傻、笑她神经质。她依旧傻愣愣地盯着欢呼雀跃的双双,那眼光,分明是母亲的眼光,是母亲分享儿子成功喜悦的母亲的眼光。而双双对这一切竟毫无觉察,或许根本就没有意识到她的存在,就又和其他同学兴高采烈地跑开了。

赛场上,只剩下她一个人。看着双双远去的背影,一种莫名的失落感涌上她的心头,她又流下了那令人难以解读的泪水……

风乍起,吹乱了她的长发,也吹乱了她那如烟的思绪,她又想起了山那边的双双,那个曾经属于她的双双。

两个双双竟如此相似……

(刊于《教育时报》2001年3月14日第1192期)

老 张

"**老**张的孩子发表文章了!"这一消息使得这一僻远的小厂顿时沸腾了。

"老张,没想到你还真有两下子,竟培养出这样一个大才子来。"这下,老张脸上更是沟壑纵横了:"哎,说实话,这可不是咱的功劳。我斗大的字识不了一箩筐,能帮得上他啥忙!还不全靠这孩子脑瓜子灵活。""这么说,那岂不是老母鸡得育凤凰雏了?"逗得人们哄堂大笑,老张脸上则更是写满了欢欣。

话说这老张,还是个老革命,因光荣负伤被安排在这个小厂看大门。一年虽挣不了仨瓜俩枣的,但却是读高中儿子的全部生活来源,于是老张也便格外看中这份得以养家糊口的工作,除了对工作认真负责不说,还落得了很好的人缘。每有夫妻拌嘴、邻里磨牙什么的都爱找老张理论,说来也巧,只要经老张一化解,双方虽盛怒而来,但最终都能满意而归,这老张当然也便乐此不疲。再让老张高兴的就是那个正读高中的儿子了,每年过年的时候都会捧来几张烫金的大奖状。老张那土窝早已被他装潢得"金碧辉煌"了。尤其是儿子的写作,更让老张扬眉吐气,那一箩筐的红本本早就把老张的脸染红了。至今,老张还依然记得儿子第一次发表文章时的情景:自己在大门口捧着儿子的大作,一个字一个字地看,听那嘴角的"啧啧"声真比自己第一次吃大白馍还有滋味,那才真叫"品"呢!但"品"完之后,经儿子提醒,才知道原来自己竟把报纸拿倒了。虽然如此,也没忘嘱咐儿子:继续写,好好写,为爹娘争光,为祖上添彩!果然,儿子也不负父望,每隔十天半月就会有文章发表,先是县级的、市级的,慢慢变为省级的,到后来,国家级的也被他弄了几篇,老张的儿子已成当地的小名人了,都说,这山窝里就要飞出一只金凤凰了!俗话说得好:前二十年看父敬子,后二十年看子敬父。这子贵父荣的感觉,老张算是体会到了,你看,村里原来那些净让老张吃白眼的也不知啥时候学会对老张点头哈腰了。"老张,你这苦日子快熬到头啰。""老张,等孩子出息了,可不要忘了咱们这些穷哥们儿!"……这下,老张那本就合不拢的大嘴咧得更大了:"那是……那是,全托乡亲们的福……托乡亲们的福——"

  这所有的事儿都使老张高兴,可就有一件事总让老张揪心,那就是自己住在这山旮旯里头,只有一条四脚蛇找他二大娘似的小路爬到山外,从外边看这里可能倒不失为一个好去处——"曲径通幽"嘛。但老张一家却深受其害——儿子每写好文章,总要走过那条"山重水复"的路,到十几里远的镇上去邮寄。老张每想起儿子那被严寒冻紫、被酷暑蒸红的脸蛋儿,自己的眼圈儿就跟着变红了。可这,自己又有什么办法呢?

  机会终于来了,厂里一根线杆上神不知鬼不觉地出现了一个信箱。这下老张可乐了,直叹苍天有眼,这下总可以免去儿子的奔波之苦了!于是,儿子的稿件便被老张隔三差五地投进了信箱。每次,老张都会对着信箱露出会心地微笑……

  随后,小厂内便刮起了一股儿风儿,嚷嚷着要进行什么机构改革。不久,老张便莫名其妙地下岗了。

众皆不解：老张年年是厂里的劳动模范，口碑又极好，怎么会……

原来，线杆上那东西本不是什么信箱，而是小厂为迎接上级行风检查而临时挂上的一个意见箱。

(刊于《聊城日报·北方晨刊》2003年6月6日期)

疯 叔

疯叔失踪了。

这在陈固村引起了不大不小的反响。有人说,这疯子,从小无依无靠,没过上好日子,连个媳妇儿也没有讨上,最后又这样不明不白地失踪了,怪可怜的!有人说,疯子嘛,就得有疯子的结局,谁见过七老八十的疯子?凭你想他能有什么好结果?这倒也是……可我还总在为疯叔鸣不平——毕竟太可怜了!

这疯叔,是我的近房叔叔,从小就孤苦伶仃,靠讨饭长大,其艰辛自不必说。村里人对他也没有什么好声气,于是他就变得越来越麻木、呆滞了,并慢慢地被村里人送了个"疯子"的诨号,一提"疯子",大人小孩都知道说的是他。

可有一段时间,疯叔不知从哪里来的一股子疯劲儿,一口气从市上买回十几只山羊。从那以后,疯叔的疯劲儿好像一下子好了许多,整天与羊为伴儿,肩上扛着一把长长的牧羊鞭,每天早出晚归的,还哼着小调儿,一副雄赳赳、气昂昂的样子,着实令人发笑。村里人都说,这疯子怎么忽然开窍了,也做起羊倌儿、想发"羊财"了。可疯子呀,你也不想,咱村这路边儿、河沿儿的都承包了,没有一片像样的草场,到冬天,你还不得让你这些羊去喝西北风儿!再说,村里夜里又乱,不是这家少猪，就是那家少牛，没听说田三儿的一辆破洋车前一阵子还被人推跑了吗！你这些羊，我看你能守得住堆儿——真是疯子一个！但疯叔却不理这一套，逢人说时，就傻傻一笑，不言也不语。

　　果不其然，一天夜里，疯叔的羊还真被抢了，人也被打了一顿。这下疯叔可火了，在街上一连骂了好几天娘，嗓子都哑了，一气儿睡了好几天。从此，疯叔显得更疯了，就是遇见像我这样的熟人与他搭讪，疯叔也一声儿不吭。可如遇上羊群，那境况就不一样了：他会放下背筐，蹲下身子，绷直了眼光，呆呆愣愣的，就像魂儿被吸走似的，然后露出欢愉的神情，最后才被人赶着极不情愿地走开。除此之外，疯叔还经常走街串巷、赶集上市。哪里有羊群，哪里就有疯叔的身影。这下，疯叔的"知名度"更高了，三里五村的，都认得疯叔了，谁见了就会说，这是陈固村的疯子，因羊而疯的……不仅如此，疯叔还隔三差五地去"云游"一番，少则三天五天，多则十天半月，至于去了哪里，干什么去了……只有鬼知道。

　　可谁知，这最后一次出走，竟再也没回来——疯叔不知"疯"死到哪里了。哎！可怜啊！我那疯叔……不过，陈固村也一如往日地平静。

　　一晃几年过去了，在一个夏日的午后，我却意外地接到疯叔的电话，是从新疆打来的，说他已注册了一家养羊公司，已拥有万贯家私了……

　　我愕然了……

（刊于《中学生作文》2003年7—8期）

陇山渭水忆李广

李广，陇西成纪（今甘肃省秦安县）人，西汉名将，事载"列传"。

初知李广，缘于小学的一首古诗——《塞下曲》，写的是李广射石的事。从那时起，便知道李广是一位大名鼎鼎的将军，力大无比，箭法高超。如若说当时对李广的感受，则除了崇拜还是崇拜。后来，读了王昌龄的《出塞》，又有了对李广的进一步了解：李广原来是汉初的一员猛将。当时汉匈之间兵连祸结，而时任右北平太守的李广，勇敢善战，威震龙庭，被匈奴谓为"飞将军"，"远避而不敢入塞"……至此，敬意不禁油然而生！及至高中，读到王勃的"冯唐易老，李广难封"，亦不禁感慨：这样一位大英雄竟也有这么多的辛酸与无奈，征战一生，劳苦功高，最后不仅没有封侯之赏，竟落得个自刎疆场、血洒边关的悲惨结局，呜呼哀哉！至此，李广在心目中的形象才日渐清晰起来：他就像一颗灵异的树种，被历史的犁铧植入陇西沃土，在渭水的滋润下，逐渐萌芽、破土、吐绿、抽枝，而后经过一系列血雨腥风的洗礼，终于长成一棵参天大树，为神州大地洒下一片荫凉，为炎黄子孙护佑一方热土。身经狂风而不倒，体历烈火而不熄，最后却在无情的电闪雷击中轰然倒地，草木为之含悲，风云因之变色。留给后人沉重的思考……

李广征战一生，抱憾而终，饮恨而亡，究其原因，其人乎？其天乎？让我们带着历史的沉重，伴着时代的清醒思考，走近英雄那峥嵘而悲壮的一生吧！

少年立志

沿着历史的长河，我们溯源而上：经清明、过赵宋，跨李唐、越两晋，最后抛锚于西汉、泊船于陇西。但见陇山绵延横亘、草木葱茏；渭水斜穿、激流澎湃。农人归耕，荷锄而戴月；渔歌唱晚，收网而回舟。这依山靠水之地便是古陇西成纪，它依山但不被山困，靠水又不被水围，真乃陇西形胜之最也！传说此地常有黄龙出现，北宋司马光《资治通鉴》便有"黄龙见成纪"的说法，实为钟灵毓秀之地，人杰地灵之域。于公元前179年汉文帝继位之初诞生的汉之"飞将军"李广便是这方水土所养育的众多英杰中的佼佼者。

据《史记》记载：李广的祖先叫李信，秦国时任将军，曾追获燕太子丹。后"广家世世受射"。"蓬生麻中，不扶自直"，李广从小就受到了很好的熏陶和感染，再加上他聪明好学，到十三四岁时便能骑马射雁了，其家乡父老预言其以后"必成大器"。

李广从小就喜欢听先朝将领李牧、蒙恬抗击匈奴的故事，从而在他幼小的心灵里，便埋下了保家卫国的种子。有一次，李广上山打猎，在回来的路上被一群衣衫褴褛的男女老少拦住了去路。他们看见了李广手里有猎物，便纷纷跪下乞食。李广顿生悲悯之心，经询问才知道原来是边境上被匈奴屠杀劫掠后而侥幸逃生的难民。血淋淋的现实更加坚定了李广保家卫国的决心，他暗自发誓，立志要作"蒙恬第二"。

应征从戎

汉文帝前元十四年（公元前 116 年）冬，匈奴汗国老上单于以汉朝断绝和亲为借口，率骑兵十四万南侵，一路攻城略地，有直捣长安之势。文帝大惊，决定回击。命令各郡郡守进行战时紧急招兵。这样，"广以良家子从军击胡"，同去的还有他的堂弟李蔡。广、蔡二人都擅长骑射又作战英勇，被任命为中郎，俸禄八百石。

后来，由于李广在萧关战役中的出色表现，汉文帝让李广伴驾出行。有次遇到老虎，李广奋力格杀，终于杀虎救驾。对此，文帝大加赞赏，并说："可惜呀，你没遇到时机，假如你赶上高皇帝的时代，封为万户侯，那还用说吗！"这体现了文帝作为一代名君有爱才的一面，但因宫廷派系关系，在选拔人才时，像李广这样舍身救驾之人也不能得以任用。这一潜规则一直横亘在李广的仕途上，李广终其一生终未封侯，恐怕总与此有着或多或少的联系（当然不是唯一因素）。难怪文帝有次对冯唐感叹无良将之苦时，冯唐竟说："陛下虽得廉颇、李牧，弗能用也。"真是一语中的。

遭遇潜流

汉景帝三年（公元前 154 年），在西汉王朝内部爆发了以吴王刘濞为首的"七国之乱"。朝廷任命李广为骁骑都尉，跟随太尉周亚夫平定吴楚叛军。李广作战勇敢，夺取了敌军帅旗，但因接受了梁王刘武私自授予的将军印，于是便被朝廷认为违反了汉朝廷的章法，功不抵过，不予封赏。

这是一股政治潜流在作怪。景帝与梁王虽是亲兄弟，表面上一团和气,殊不知,暗地里却在为帝位作着殊死较量。窦太后偏袒小儿子刘武,坚持皇位要"兄终弟及",而景帝则坚持祖制——"父传子"。为此,兄弟二人心中的那把算盘早已不知拨拉几百遍,只差没有明火执仗、剑拔弩张、你死我活地兵戎相见了。在此政治背景下,李广因接受梁王刘武授予的将军印而未被封赏也就在情理之中了,不治罪就"谢主隆恩"了,还谈何封赏!

政治自古就是一个混浊而险恶的烂泥潭,暗礁隐其中而不知,陷阱藏其里而不察。古往今来,为此头破血流,粉身碎骨,抑或身败名裂者不可胜计,更别说是涉世未深而又生性耿直的一介武夫李广了。

壮志难酬

由大行令王恢一手策划的马邑诱击战拉开了汉军大举进攻匈奴的序幕,但由于准备不周、尉吏泄密而失败。武帝震怒,以逗留观望罪处决了王恢,同时也给王恢的同行者李广敲响了警钟。已届不惑之年的李广不禁感慨顿生:"壮志未酬征战苦,青春已过乱离中。"

接着又是汉武帝元光六年(公元前129年)秋的雁门之战。匈奴派军侵入上谷郡(今河北省怀来县)屠杀、掳掠,汉政府以四路兵马还击。李广一路出雁门,逼近关市,初战得利。但后来被匈奴铁骑切断,汉军伤亡过半,李广也中箭被俘,但在中途侥幸逃脱。此战虽初战得利,但最终却损兵折将、身又被俘,按律当斩,因朝中有人求情、赎金,才得以幸免,但被贬为庶民。

马邑无功、雁门受挫,李广在武帝心目中的地位大大下降,以至在后来两次较大的战役中也就没有再起用李广。而这两次战役恰恰是在匈奴发生内乱、汉军处于有利情况下进行的反攻,是将军们立功封侯的绝佳时机,而李广却因遭闲不用而坐失良机。这难道是自己的宿命?但他仍希望上天再给他一次机会。

连失良机

在匈奴贼心不死、汉匈战争连绵不断的大背景下，作为武将，他效身立命的机会总是有的。

汉武帝元朔5年（公元前124年）秋，匈奴一万骑兵再次攻入代郡。第二年春，汉廷派卫青将六军迎敌。这次，李广兵团也作为一种辅助力量参加了战斗，任务是接应保护前将军赵信、右将军苏建。而本为匈奴降将的赵信却在遭遇兵败及匈奴引诱下带领自己的八百骑兵又重返匈奴（赵信本为匈奴降将），苏建也因全军覆没而只身逃回。当李广奋力拼杀赶到接应时，赵信、苏建早已不见踪影。这次，李广兵团虽获敌首级两千多颗，达到了封侯的数目，但不知为什么又被忽视，手下将领也没有受封的。难道是武帝为赵信、苏建之故而迁怒李广吗？不得而知。但李广确实未被封侯。

又过了两年，李广以郎中令身份率领四千骑兵从右北平出发，博望侯张骞率一万骑兵接应，对匈奴汗国主动出击。匈奴左贤王四万骑兵包围了李广，李广沉着应战，灵活指挥，但终因寡不敌众而伤亡过半。等张骞的援军赶到时，李广的四千骑兵已几乎全军覆没了。按汉律，张骞因耽误军期，当斩，出钱赎罪，降为平民。李广功过相当，也没有得到封赏。

饮恨而终

汉武帝元狩4年（公元前119年），汉武帝决定对单于本部彻底扫荡，以驱逐他们远逃，使其永不再返。

李广知道这次漠北之战的重大意义，且有可能与单于主力进行正面决战，于是便多次主动请求参战，但"天子以为老，弗许"。在李广的一再要求下，汉武帝才勉强答应，并被任命为前锋，跟随卫青出征。但在行军途中，卫青却以"阴受上戒"之名强行将李广调到东路军，而让中将军公孙敖代替李广作前锋。李广因没有向导，迷失了道路，落在了卫青的后面。卫青派人责问，李广说："众将校无罪，是我自己迷失了道路。但我李广已六十多岁，决不能再与办案人员对簿公堂了。"于是，拔剑自刎。

由此看，李广的死与卫青的"中途换将"是不无关系的。那么，卫青为何要中途换将呢？而换将又为什么换为公孙敖呢？这还要从当时的后宫纷争说起。

由于卫青的姐姐卫子夫得宠于武帝，这极大地激起了皇后（陈阿娇）之母长公主的不满。为报复卫子夫，长公主就派人秘密逮捕了卫青并企图杀害。在此危急关头，正是公孙敖出面，才营救了卫青，因此卫青对公孙敖始终怀有报恩之心。而李广从前又曾当众侮辱过卫青，说他的升迁完全是靠了他姐姐的裙带关系，卫青虽一直未现于外，却始终耿耿于怀。公孙敖恰好又在前次战役中失去了侯爵爵位，作为公孙敖的铁哥们儿，一直想对公孙敖报恩的"大将军"卫青，又怎能袖手旁观、见危不救！一要报恩，一要报怨。于是，汉军反攻，变成天赐良机；"中途换将"，亦为"水到渠成"。"大将军"卫青"抓住时机，该出手时就出手"，报答了公孙敖的救命之恩，同时，也报复了李广的羞辱之怨，一举而两得，委实高明！至于是否"阴受上戒"，那就只有天知道了。史载：李广之子李敢"怨大将军之恨其父，乃击伤大将军"，而"大将军匿讳之"，即可足以说明一切！

告慰李公

　　李广走了，带走了他的雄心与壮志，同时也带走了他的失意与遗憾……而历史却记住了他的"与匈奴大小七十余战"，记住了他的"得赏赐辄分其麾下，饮食与士共之"，记住了他的"家无余财，终不言家产事"，记住了他的"乏绝之处，见水，士卒不尽饮，广不近水，士卒不尽食，广不尝食"，还记住了他归天之时的那"一军皆哭"及"百姓闻之，无老壮皆为垂涕"……

　　痛定思痛，不知是上天的安排，还是历史的孽缘，李广家族与西汉王朝似乎一直就是相克的：李广征战一生，终未封侯，饮憾疆场自不必说。其长子李当户、次子李椒皆先于李广而英年早逝，三子李敢因怨恨卫青使其父含恨而死而殴伤卫青，但遂为卫青的外甥霍去病箭射而死。李敢的儿子李禹虽受太子宠爱，但贪图财利，致使李家声望败落。李当户的遗腹子李陵虽作战勇敢，颇有战功，但终因兵败被擒，落得个降匈奴的罪名，太史公司马迁因为其辩护也身受腐刑，李陵全家亦为朝廷杀害……这难道是李家的宿命？不得而知。

　　但天道轮回，不可逆转。在事隔七百年之后，当历史的巨轮行进到隋朝末年时，老天终于又赐予老李家一莫大的殊荣，使其得以彪炳史册，名扬千秋。那就是李广的嫡系子孙李渊于隋大业十三年（公元617年）在太原起兵反隋，并于公元618年建立了历经22帝，统治中国近300年，我国封建时代最强盛、统治时间最长的王朝之一——唐朝。

　　古人云："天下为公"，这恐怕就是老天对有功之臣的补偿吧！李将军若泉下有知当倍感欣慰！

　　愿李将军在地下安息！

痛忆老院

  老院，是姥姥家的那所老院。它临街，路北，大门朝东……
  小时候，母亲带我去姥姥家做客，一进村，便能望见那所老院：临街，路北，大门朝东。每当此时，我便挣扎着下了车，边跑边朝院里喊："姥姥——姥爷——我来了——"接着便扑向闻声迎来的姥姥姥爷的怀抱——随后，我便像发连珠炮似的向姥姥姥爷讲述我那新鲜的趣事：我的"飞机"又飞得又高又远了，我又摸了多少多少条鱼，又寻了多少多少蝉蜕……并不时询问姥姥姥爷村中我那些小伙伴的情况：文武是否还经常去摸鱼，文亮是否还因为老是丢铅笔受他妈的训斥，文义是否还因经常逃学又被老师罚"开飞机"了，他们是否又问我什么时候回来了——姥姥姥爷便一边听讲，一边作答，等文武文义他们闻讯赶来时，老院中便充满了快活的空气……唉！现在回想起来，那可真是记忆中最美好的时刻了，再去姥姥家做客，也就成了我回家后的热切的渴望与梦想。
  应该感谢老院，是她使我的童年生活充满了欢欣，充满了快乐。后来因在外求学，去老院的机会少了，但她的影像却时刻浮现在我的眼前：临街，路北，大门朝东……
  往事已矣，年前姥爷的去世，使那令我无限钟情的老院蒙上了一层灰色。打发姥爷入土后，我审视着老院中的家具什物，一切还都那么熟悉，却寻不出一丝我童年时的欢乐，只有悲哀笼罩。我又见到了文武、文义，但话语不多，只谈了些眼前的正事，我的心情愈发沉重了——若老院有知，又该作何感想呢？临行，我劝告姥姥："想吃点啥就做点啥，别再像以前那样了，啥也舍不得吃，只知留给孩子。"——这当然是为了姥姥，但也是为了老院。

可姥爷辞世的一个多月之后，我又接到了姥姥去世的电话——我脑海空空：我那姥姥——我又想起了老院——我那祸不单行的老院，那曾经记下我欢欣与快乐的老院：她临街，路北，大门朝东……

姥爷、姥姥的相继过世，老院可谓大厦已倾了。虽然老院中还有二舅，但二舅生性痴呆，难以独自过活。我想，他也只好去我大舅那边，由大舅照料了。

几天后，母亲从姥姥家回来，问及二舅情况，正如我的所料。这也好，我不必再为二舅担心了，可老院，却真是人去院空了……

"浮生若梦，为欢几何？"二老的相继谢世，二舅的遽然搬离，使得一向其乐融融的老院顷刻便无人料理、庭院寂寂了。试想以后再去舅舅家做客，见到那曾充溢过我儿时欢乐的老院已院门紧锁，三径就荒，又该作何感想呢？

唉！那令我难以割舍的老院！——临街，路北，大门朝东……

（刊于《中学生读写》2002年第11辑）

田间小路

田间小路
弯弯曲曲
连接着村庄与田地

田间小路
崎崎岖岖
贯通着乡村与城邑

田间小路
荆荆棘棘
却又勾连起现实与希冀

啊
田间小路
请不要自卑
更不要自弃

你的弯曲

不正是农人被压弯的腰脊

因着它

农人们才变得如此坚毅

你的崎岖

不又是农人奋进的足迹

凭着它

农人们才加快了前进的步履

而你的荆棘

则又成了农人奔走的动力

指着它

多少农家娃才走到天际……

莘县赋

"有莘之野",地处鲁西。西连冀豫,东接聊阳。北与冠县为邻,南共①范县交界。历史悠久,上溯新石器之部落;文化渊远,达于夏商周之三代。春秋战国之"莘邑",秦汉两晋之"阳平"。后历北朝而至于隋,名更"乐平""莘亭""莘州""清邑"而不一,隋末,乃始定名为"莘县"而至今。

物华天宝,人杰地灵。三代以来,出将入相之士或托迹于斯而名播千古,经天纬地之才或生长于斯而泽被后世。

伊尹耕莘野而功成殷商②,孙膑战庞涓而名扬马陵③。晋侯登有莘之墟以观师④,圣人经东鲁之乡而暂住⑤。郯子深山取乳以奉母⑥,子路古城修堤以御洪⑦。莘人计然越国献计⑧,朝城陈宫曹营建功⑨。观城乐进威震三国⑩,河店潘璋名扬江东⑪。刘祥道⑫路隋⑬主持唐政,毕士安⑭王旦⑮拜相宋廷。朝城谭延美⑯为北宋上将,莘人孟成仲⑰任金朝中丞。莘人王伦四出金国而不辱宋命⑱,朝城山宗独领风骚而享誉元廷⑲。……

经宋元,入明清,"朝半朝",朝中贤士出朝城。生性耿直数魏元⑳,勤王安邦是江东㉑。执法威严有谢绶㉒,廉洁贤能为王应㉓。兴利除奸岳万阶㉔,孝友齐美孟兆熊㉕。……

古人多风流,今人亦豪杰。

孙大安㉘播撒文明曙光,马本斋㉙彰显民族气魄。聊城失守,吕世隆㉚英勇牺牲;"福建事变",冯峻五㉜壮烈殉国。张海迪㉝身残志坚人誉"当代保尔",孔繁森㉛心怀雪域无愧"干部楷模"。……

人文荟萃之地人人称羡,古迹名胜之乡个个景仰。

卫太子墓冢㉜安处十八里,伊丞相碑亭㉝屹立大里王。皇路街钓鱼滩㉞,复寻周穆王足迹;闪王墓闪王庙㉟,再忆闪孝子真情。子路堤㊱与古城同在,马陵碑共马陵共生。梁丕营唐碑书写历史脚步,毕屯村唐槐喜迎时代新风。古云马沟探访野猪林旧址,樱桃大桥感受十字坡风情。宋代银塔诠释八面玲珑,金国铁钟凸显雄浑厚重。烈士陵园,勿忘我家仇国恨;信徒教堂,彰显我自由信奉。昔日雁塔换新貌,今朝顺河共潮生。……

盖闻昌明隆盛之地必有轶事,诗礼簪缨之乡定有佳闻。

夏大禹锁蛟治水观城井㊲,老神仙卖土救人武阳城㊳。吞珠怀胎有莘女㊴,走马修堤秦嬴政㊵。卫懿公养鹤东西池㊶,张翠玉救民琉璃井㊷。抗屈辱石燕投井㊸,表孝心李早变树㊹。刘宰受供蝗虫庙㊺,郭威安葬观城城㊻。九牛二虎杠抬孟堌堆㊼,九九金瓜砸牛孟家洼㊽。金牛坡,江南人盗走金疙瘩㊾;北京城,明成祖钦点山状元㊿。青龙扶玉柱,太子上梁梁丕营㉛;筱草撕画卷,板桥求师古城镇㉜。……

历史的天空,映出昨日的文明与鼎盛;时代的画卷,书写今朝的辉煌和繁荣。

河渠纵横,徒骇、马颊、金堤、金线勾连五湖四海;路径交通㉝,临商、蒙馆、齐南、永莘达于四面八方。高楼林立以蔽日,车辆众多以塞途,物资充盈以尽用,黎民丰饶以无忧。百业兴旺,且看农林牧副渔;万象更新,再睹农工商学兵。……

国泰民安,躬逢盛世;海晏河清,安享太平。政通人和,再普华章;和谐社会,齐唱大风!

【注释】

①共：和。

②伊尹耕莘野而功成殷商：商初大臣伊尹，出仕前"耕于有莘之野，而乐尧舜之道"（《孟子》），后被汤发现，延为右相，从而佐汤灭夏，成为商朝权倾一时的"三代元老，一代贤相"，为政60余载，享年百岁。

③孙膑战庞涓而名扬马陵：公元前342年，魏伐韩，韩求救于齐。齐派大将田忌、军师孙膑率师伐魏。孙膑以"减灶"之计，在马陵、道口一带设伏，大败魏军。

④晋侯登有莘之墟以观师：公元前645年，晋与楚大战于濮城。晋陈兵于莘北，晋侯登有莘之墟以观师，楚师败绩。

⑤圣人经东鲁之乡而暂住：孔子自鲁至卫、学琴于师襄、周游列国，多次路过莘地，并曾住宿莘邑东鲁店。

⑥郯子深山取乳以奉母：周代莘人郯子，性至孝。父母年老患眼疾，思食鹿乳，郯子披鹿皮入鹿群取之。死后被封为闪王，列入"二十四孝"。

⑦子路古城修堤以御洪：公元前503年，孔子的弟子子路因阳虎乱政，退修诗书于范县（今莘县古城一带）。次子启随父居，并在此安家。后遇大水，子路率百姓筑堤，后堤因名"子路堤"。

⑧莘人计然越国献计：春秋莘人计然，乃越大夫范蠡之师，博学，尤善计算，常游于南越。后佐越王勾践，献富国强兵之道，遂破吴国。

⑨朝城陈宫曹营建功：陈宫，字公台，汉末武阳（今朝城）人，性刚直壮烈。始随曹操，后随张邈、吕布，后为曹所擒，操问宫："欲活老母及女不？"宫曰："以孝治天下者不绝人之亲，以恩施四海者不乏人之祀。老母在公不在宫也。"操下令养其母、嫁其女。宫遂效力于曹操。

⑩观城乐进威震三国：乐进，字文谦，汉末阳平卫国（今观城）人。为曹操屡立战功，曹操赞其"武力既弘，计略周备，每临战攻无坚不

陷"。累迁至右将军。其子乐琳亦效力曹营。

⑪**河店潘璋名扬江东**：潘璋，字文珪，东郡发干（今河店马桥）人。随孙权征战，立下汗马功劳。历任别部司马、平北将军、襄阳太守、右将军等。公元234年去世。

⑫**刘祥道**：字同寿，唐代观城人。历任中书舍人、御史中丞、吏部侍郎、刑部尚书、右相等职。谥号"宣"。

⑬**路隋**：字男式，唐代莘县人。曾为锋州刺史、翰林学士、中书侍郎同中书门下平章事（宰相）、太子太师。谥号"贞"。

⑭**毕士安**：祖籍代州云中（今山西大同），其父毕又林宋太祖时任观城县令，后死于任上，始置家于观城。职位累迁，后任吏部侍郎参知政事，并与寇准同拜平章事（宰相），1005年暴逝，车驾临哭，废朝五日，赠太傅中书令，谥号"文简"。

⑮**王旦**：字子明，宋代莘县人。为相10余年。病逝后，真宗临哭，废朝三日，谥号"文正"。

⑯**谭延美**：宋代朝城人，躯干壮伟。初随周世祖，后随宋太祖，屡立功勋，后任邕州观察使，判亳州，兼知代州，享年82岁，赠建武军节度使。

⑰**孟成仲**：名铸，金代莘县人。由进士补尚书省令史，后入为御史中丞。时人称其"得古大臣体，有忠贞之操"。

⑱**王伦**：字正道，宋代莘县人，三槐王氏之后。多次出使金国，曾接回徽宗灵柩，后因拒降金国，被金主勒死，享年61岁。宋高宗追封王伦为通议大夫，谥号"愍节"。

⑲**山宗**：元代朝城人。大德年间，以才学大魁天下，科中状元，历官蔚州副使。

⑳**魏元**：字景善，朝城人，明朝中期大臣。天顺元年进士。元屡迁都给事中，出为福建右参政。巡视海道，严禁越海私贩。巨商以重宝赂，

元怒叱出之。母忧归，庐墓三年，服除，起江西参政，后因劳瘁死于官。

㉑江东：明朝嘉靖年间大臣，字伯阳，号芳溪。原籍浙江淳安，因其父辈曾经在武阳（今山东莘县朝城镇）任职，后定居武阳。江东历任主事、按察使、布政使、巡抚、御使、兵部侍郎、两京户部和兵部尚书，加封太子太保。江东一生高官，但公正勤廉，鞠躬尽瘁，巡边时卒于今山西怀来县的任上，年仅五十八岁，嘉靖皇帝甚是哀痛，谥号"恭襄"，并在其家乡武阳造坟安葬。江东墓当地人称为"阁老坟"，今位于朝城镇江楼村后。原为占地三十亩的一座规模宏大的陵园，园中铺有石板通道，有石牌坊，石碑，石人，石马，石羊等。不幸是，陵园石刻毁于1958年秋，1966年墓穴也曾被破坏。

㉒谢绶：字朝章，明代朝城人。成化二十年（公元1484年）第二甲进士。累官南监察御史。时宦官蒋琮怙宠恣肆，建府第金陵，筑雨花台。绶劾之，琮死狱中。出巡两浙，见织造罗绮，费资巨发，悉奏止之。后以佥都御史巡抚云中，练军士，理屯田，增池堑，逐贪暴，军声大振。

㉓王应：字德邻，明代朝城人，举人。多次弹劾中贵不法之事，被誉为"铁面御史"，一生政绩卓著。享年87岁。

㉔岳万阶：字允声，别号仰山，明代朝城人，万历十年进士。任衢州太守、河东宪司等职。所到之处，兴利除奸，不避权贵。81岁而终。

㉕孟兆熊：字非熊，别号泗溶，清代朝城人。生性孝友，助人为乐，扶危济贫，不惜家产。

㉖孙大安：字仁山，城关镇老宅村人，中共早期党员。1932年，被派往福建闽侯一带做党的地下工作。1932年秋在福建闽侯被反革命分子杀害。

㉗马本斋：原名马守清，回族，河北沧州献县人。抗日战争时期八路军冀中军区回民支队的创建人，抗日民族英雄。在长期的战争生活中，马本斋营养不良，积劳成疾，突发急性肺炎，1944年2月7日在山东省

莘县不幸病逝,终年43岁。

㉘**吕世隆**:字道宏,泰安县李家庄(今属泰安市岱岳区)人。1937年加入中国共产党,同年10月,受中共山东省委派遣,到聊城协助范筑先抗日,深得范筑先器重,被范筑先誉为抗日模范县长。聊城失陷后,日伪军和地方反动势力相策应,于1938年11月17日制造了"莘县事变",他在县政府院内被杀害。

㉙**冯峻五**:原名冯岳升,字峻五,又字浩然、一平,柿子园乡雷庄村人。国民党左派爱国人士,早年追随邓演达加入中国国民党临时行动委员会,多次组织工人运动。1932年秋,与章伯钧夫妇南下福建,次年参加"福建事变",在闽西土改中遭地主武装袭击壮烈牺牲,年仅28岁。

㉚**张海迪**:生于济南,中国著名残疾人作家,哲学硕士。1960年张海迪五岁时因患脊髓血管瘤导致高位截瘫,1970年又随父母下放至莘县十八里铺,自学完成了小学、中学和大学的学习,并学习针灸,在当地行医。被誉为"八十年代新雷锋"、"当代保尔"。

㉛**孔繁森**:1944年出生于山东聊城一个贫苦的农民家庭,在莘县任职多年。1994年9月被国务院授予"全国民族团结进步先进个人"称号。1994年11月29日,在带领工作组赴新疆塔城地区考察时,不幸以身殉职。

㉜**卫太子墓冢**:卫宣公的庶子朔(人名)觊觎公子伋(人名)的储君之位,与母亲齐姜(人名)进谗言给卫宣公,后三人设计要在公子伋出门路上将其杀死。朔有一个亲兄弟叫公子寿,他与公子伋的关系极好,得知此事后告知公子伋,公子伋却不听其劝告准备毅然赴死,公子寿不忍,将公子伋灌醉后代其上路,公子伋醒来驾船追赶,但追上公子寿的小船时公子寿已被杀死,公子伋悲痛万分,告知杀手我才是公子伋,你们杀错了人,既然如此将我也杀死回去复命吧。杀手将二人首级送与卫宣公,宣公得见后悲伤过度而死。《诗经》"二子乘舟"即是这个故事的

记录。二人死后葬于莘，今十八里铺镇张庄有太子冢。

㉝伊丞相碑亭：伊尹，夏末商初著名的政治家、军事家，中国史书记载的第一位宰相。据说汉代，莘县城北曾建莘亭，并修伊尹庙一座，以为纪念。清代移庙于城内，有正堂三间，门一间，周环垣墙，院内松柏参天，气象幽森，古为莘县八景之一，曰："伊庙松风"。清康熙五十五年（1676），东昌知府程光珠访求古迹，大书"莘伊尹躬耕处"6字，题曰："尧舜之道，畎亩之中，圣作物睹，龙云虎风"。令知县刘萧勒石立碑，以永志之。其碑今在莘县城北莘亭办事处大里王村西，碑文大部清晰可辨。

㉞皇路街钓鱼滩：周穆王姬满，好巡游征伐。约公元前1002—947年，巡幸莘境，于漯水（境内古河）之上饮马、垂钓、祭白鹿，纪迹畚山（河店马桥），驻足于城内。境内旧有"皇路街"、"钓鱼滩"、"巡幸处"等遗迹。

㉟闪王墓闪王庙：闪王即周代莘人郯子，因其至孝，死后封闪王。闪王墓在县城南，旧时城内曾有闪王庙，历代题咏甚多。

㊱见"注释"⑦

㊲夏大禹锁蛟治水观城井：观城东门里路南有一大洼坑，坑大十余亩，常年有水。据说，坑中原有一水井，井上有碑，即为大禹治水锁蛟处。有人说这眼锁蛟井叫"海眼泉"，水与海通。当地还盛传"倒了碑，砸了罐，淹了九州十八县"之谣。据《观城县志》记载：1766年（清乾隆三十一年）初，大风刮倒了石碑，其夏大雨，曹州、兖州、东昌皆受灾。

㊳老神仙卖土救人武阳城：传说很久很久以前的一个早晨，武阳城（今朝城）里来了个老头挑着两筐黄土沿街叫卖，引得人们议论纷纷。太阳快落山了，两筐黄土还尖尖的。老头无奈，叹口气说："天意难逃啊！"便挑着黄土出了南门倒成一个土堆，又磕磕筐底，磕出一些碎土来，然

后飘然而去。是夜,大雨倾盆,河水暴涨,河堤决口,武阳被淹,而老头倾倒的土堆忽的变成一个大埽堆,约 25 亩,人们纷纷爬土堆避难。后洪水退去,而土堆犹存,因其紧挨孟庄,人皆称之曰"孟家埽堆"。而孟庄南四五里王山村也同时冒出两个小埽堆,据说那就是老头磕筐底的土长成的。

㊴**吞珠怀胎有莘女**:古时候,有莘国有莘村里有一个姑娘叫赵淑女,一天夜里,姑娘梦见斗大一块红光从天而降,滚入闺房后化作一粒闪光的珍珠,姑娘捧起不由得吞入腹中,由此怀孕并生下一个男孩。姑娘将孩子放在一个桑洞中,自己便投河自尽了。孩子被伊员外抱回家中,取名伊尹。

㊵**走马修堤秦嬴政**:在金堤之北不远处,有一道断续隐现的旧河堤,是为秦皇堤。民间素有秦始皇"南筑大堤当黄水,北修长城抵鞑兵"之说。筑堤期间,秦始皇亲自监修,他顺堤跑马,鞭梢指处,大堤即成。

㊶**卫懿公养鹤东西池**:卫懿公爱鹤成癖,宫廷御苑处处养鹤,八方进献,数以千计,鹤食人禄,国力日衰,北狄入侵,卫国覆亡。据传,卫懿公曾建有两个养鹤池,在东者曰东池,在西者曰西池,后来建成村庄,即今之古云镇驻地西南七八里处东池、西池。

㊷**张翠玉救民琉璃井**:观城东南有个村叫古井,是因村中古老的琉璃井而得名。相传古时候这里曾是一片沙荒地,有户姓张的人家打井种地,井打不成,吃水也成了困难。张家女儿张翠玉跪拜明月,祈求上天。上天感其诚,告以打井之法。张女不畏艰险,于云峰山砍来十棵紫荆,于井内燃火,泥沙便很快被烧成坚硬的琉璃,涌出了碧绿的泉水,虽大旱而不涸。

㊸**抗屈辱石燕投井**:据说朝城医院内有一眼青砖砌成的石井,叫做石燕井。相传朝城县有位闻名遐迩的老中医,老中医有个女儿叫石燕,石燕姑娘长得俊美异常且睿智过人,为远乡近邻所仰慕。当地有一个复

姓万俟的大户人家,有个儿子叫万俟怀,长相丑陋,且好色如命,托人向石燕姑娘的父亲求婚不成,便设下毒计,趁老中医外出行医之机,派家人化妆成强盗将老中医打死,然后欲派人抢亲。石燕姑娘闻讯后,悲痛欲绝,为不辱冰清玉洁的身体,投入井中。乡亲们知道后,立即到井里打捞,直至次日清晨,却找不到石燕姑娘的尸体。忽然间大雾弥漫,只见从那井中"嗖嗖"地飞出一块块光洁如玉的石头,石头的形状像刚刚出壳的雏燕,说来奇怪,将这石头放在水中,好像真的燕子。有位年老体弱的老妇喝下这水,顿时觉得精神焕发。此后村里的人有病,便饮此水,据说百病皆治。从此以后,只要在大雾弥漫的早晨,便有石燕飞出。据《朝城县志》载:"石燕井,在宁国寺前,泉下有石多窍,遇阴雨则石飞出,类燕形,可和药,故名。"

又云:"燕出宁国寺井,遇阴雨则有石两两飞出,微呈燕形,能疗诸病。""石燕飞雨"被朝城县志列为"八景"之一。县令虞道隆有诗曰:"阿谁凿此井,水底隐廊轩。迎露气先动,指云翅并传。附埃须类石,和药可成丹。锻炼相逢日,自应什袭看。"

㊹**表孝心李早变树**:过去,莘县马西一带枣树很多,且枣树得名原来跟李早的故事有关。据说在很久以前,有个聪慧的姑娘生于早晨,取名李早。成年后嫁给一个木匠。木匠常年在外,李早终日辛苦劳作又要照顾瞎哑婆婆,被晒得黑里透红。丈夫回来后,发现老娘和妻子的脸色不一样,以为老娘受到妻子的虐待,便对妻子又打又骂,无论妻子如何解释他也不信。李早便对天发誓:"如果苍天有眼,让我死了变成树,孝顺婆婆便结红果,虐待婆婆就结黑果。"话音刚落,李早便变成了一棵树。因她死时正拿着针做活,所以树上便有许多的尖刺,人称"早树",后来演变成了"枣树"。红枣、葛针记下了李早的孝心和辛劳。

㊺**刘宰受供蝗虫庙**:观城东北十二华里有村名蝗虫庙。南宋时有个叫刘宰的将军随军打仗回来路过观城,适逢飞蝗成灾,刘宰率军士助民

捕蝗、驱蝗。百姓感其德，请求地方管将刘宰之功逐级上报。景定四年（公元1263年），敕封刘宰为"扬威候天遭猛将之神"，令地方建庙奉祀。当地人不知刘宰之名，均称为"刘猛将军"。历经四百余年风雨剥蚀，庙已破旧不堪。后朝人不知庙中所礼何神，遂列为野庙，长期无人问津。至清雍正二年（公开1724年）始查明系纪念刘宰之庙。次年，县令奉文重建此庙。乾隆三十二年（公元1767年），观城遭水灾，庙被冲毁。大水过后，再次将庙建起。庙无墙垣，其址甚小。庙为一开间，庙内神像白盔白甲，白脸黑须，因历代久远。人们不知刘宰是何许人，只知建庙与蝗虫有关，遂习称"蚂蚱庙"，庙内之神亦被称为"蚂蚱神"。"蚂蚱庙"在今蝗虫村东北约一华里处，三十年代犹存，后倾圮。

⑯**郭威安葬观城城**：郭威，即五代时的周太祖，尧山（今河北隆尧）人。本姓常。后随母改嫁郭氏，改姓郭。郭威自幼家贫，蓬头垢面，状如野雀，人称郭雀儿。契丹灭后晋，沙陀部人刘知远起兵太原，即皇帝位，国号汉，史称五代后汉，拜郭威为枢密副使。后汉隐帝时，又加拜郭威同中书门下平章事。后来，汉隐帝猜忌郭威，乾始四年（公元951年），郭威弑隐帝，代汉称帝，建都汴（今河南省开封市），国号周，年号广顺元年，史称后周。郭威在位三年崩，庙号太祖。周太祖郭威曾为大名节度使，死后葬于观城北。因处战乱年代，怕人盗掘，郭威墓地上并无建筑，故后人不知。许多年后筑城时掘出，方知就里。但城已基本建成，不便迁移，只好省建北门，以免冒犯周太祖在天之灵。还有的说，观城无北门则来源于"郭威建都观城"的传说。观城北部有一个几十亩大的土台，土台南边有像城门那样的筒子。老年人说，土台子就是郭威的金銮殿故址。大筒子就是午朝门，午朝门正对观城南门，观城如果建北门，正与郭威的金銮殿相对，小小县城，哪敢与皇帝銮殿抗衡，于是观城便不建北门。而最普遍的说法是：观与罐同音，罐子不能没有底。有了北门，就成了漏底子的罐子，盛不住水，是不吉之兆，故建城者不

留北门。

㊼**九牛二虎杠抬孟堌堆**：千百年前的一天，一个江南妖道来到孟堌堆，他断定：此堌堆来历不凡，里面一定有珍宝。于是他从附近村里找来九个属牛的、两个属虎的小伙子，然后将孟堌堆用粗绳横三竖四地捆住，串上五根大杠，小伙子们做好了准备。老道念念有词，指手划地，忽然大叫一声："起！"偌大个孟堌堆竟真的离开地面，悬空三尺，里面放出万道金光，老道一头扑了进去。这时只听"咔嚓"一声巨响，十条绳索俱断，就在孟堌堆落地的一刹那，一头金光闪闪的金牛一跃而出，跳进孟洼，眨眼不见了。从此，孟堌堆一带又被人叫做"金牛坡"。

㊽**九九金瓜砸牛孟家洼**：据传说，古时候孟洼常年有水，水里有个大金牛，半夜三更还能听到哞-哞的叫声。有一年，一个独具慧眼的江南人来到朝城孟洼，发现了金牛，可金牛总在水里不出来，他也无可奈何。一天，他转到朝城西北杨庄的一个瓜园，发现了一个碗口粗细、三尺多长的大瓜。他如获至宝，要得金牛，非此瓜不可。便对看瓜姑娘说："此瓜长足百日，由你开价。"还丢下了五十两白银作定金。等瓜长到九十九天时，姑娘便将瓜摘下，第二天交给了前来取瓜的江南人，获一百两黄金。夜深人静时，江南人便带着瓜到孟洼岸边等待。不一会儿，只听"哞"的一声，一个二尺多高、三尺多长的金牛钻出水面，江南人举瓜向金牛砸去，只听"咔嚓"一声巨响，地上留下一个光灿灿的金牛角。原来宝瓜少长了一天，便减少了许多威力。从此，孟洼的水干了，金牛也不叫了。可杨庄种菜瓜的人却越来越多了，村名也慢慢变成了"菜瓜杨庄"，简称"菜杨庄"。

㊾**金牛坡，江南人盗走金疙瘩**：据传，朝城孟庄金牛坡里曾扔着一个老大不小的铁疙瘩，常年弃在田边，无人问津，只有在春耕秋播时用它来压耙。一年春天，农民们又去耙地，发现铁疙瘩不见了，四处寻找，却在一块方方正正的石板上发现几行字迹："金鼎仍在金牛坡，老少乡民

都见过。外包铁皮长满锈，内含黄金千两多。此宝归我您别怪，怨你有眼不识货。——明人不做暗事，江南人留语。"至今，孟庄百姓谈起此事还很遗憾，误把黄金当废铁。

㊿**北京城，明成祖钦点山状元**：这是一个歌颂劳动者的传说。据说，董杜庄乡山堂一带历来多出能工巧匠，尤以泥瓦匠最多，且山堂的泥瓦匠，人人都有一手绝活。明永乐元年（公元1403年），明成祖朱棣将他做燕王时的封地北平府改为顺天府，建北京。既为京师，必须修筑规模宏大的宫殿群。为了尽快实现迁都计划，朱棣下诏征调全国的能工巧匠到北京服劳役。于是，山堂不少人随建筑人流来到了京师。经过几年的苦心经营，皇宫基本落成。一天，皇上朱棣率文武百官亲临察看，见一进进宫院幽深似海，一排排大殿金碧辉煌，真是金瓦玉柱，画栋雕梁，好不气派！于是龙颜大喜，准备赏赐役夫。忽然，皇上脸上由晴转阴，又露出不悦之色，原来在数丈高处有几个架眼，填补时漏掉了。现在脚手架已拆除，要填上这几个架眼，真比登天还难。一个太监趁机火上浇油："堂堂皇宫，却留了几个窟窿，岂不有损大明国威。监工人疏忽至此，应予治罪！"监工一听，吓得魂不附体，扑通跪倒在地，连连叩首请罪。在场工匠也齐刷刷地跪倒，不敢仰视龙颜。正在这时，人群中走出一人，左手提砖，右手提瓦刀，轻轻一敲，砖分两截，齐如切泥。只见他三下两下抹好灰泥，扬手一扔，砖如飞燕，直奔架眼而去。只听"扑"的一声，砖入架眼，泥不外露，平平展展，毫无破绽。那工匠两手不停，眨眼工夫，几个架眼便消踪匿迹。皇上见状，喜不自胜，脱口赞道："如此高手，堪称状元！"那工匠闻言，扑通跪倒，口称："谢万岁龙恩！"皇上这才如梦方醒，原来自古"君无戏言"，一诺千金，话既出口，断难收回，于是便顺水推舟，喜滋滋地说道："你既有如此手艺，联即点你为头名状元，也不辱大明国体。"那工匠再次叩谢，山呼"万岁"。这个工匠就是山堂的人，姓山，后来人称"山状元"。

(51)**青龙扶玉柱，太子上梁梁丕营：**梁丕营，位于董杜庄乡东南约两华里处。据该村碑文记载，元代梁姓由河南归德府白草寺迁此定居。此村人习惯用土坯盖房，家家打坯，土坯排起来非常整齐，远看像兵营，人称该村为“梁坯营”。后来文书中多习惯将“坯”字省写为“丕”，于是“梁丕营”便成了正式村名。另外也有人说此村原系梁、皮二姓聚居处，村名“梁皮营”，后改为“梁丕营”。传说在明代时，太傅何塘与宰相高拱陪太子微服出行，来到梁丕营村，刚坐下休息，忽见一老者走来，央求道：“我家盖房上梁，人手不够，请客官帮一下忙。”太子意欲不去，何塘与太子耳语道：“一朝天子，应懂各方风土人情，去看一看，有益无害。”太子勉强应允。上梁时，工头看太子年幼，怕他身单力薄，顶不住劲，便安排太子扶住柱子，让何、高二人帮助架梁。三个人虽没有多大力气，但多一人总比少一人好。不大会儿，起架完毕，老者道谢后说道：“我看三位都是读书人，就便请给写副对联留个纪念吧。”高拱让何塘写，何塘略加思索，提笔写道：“青龙扶玉柱；白虎架金梁。”此联把太子扶柱，太傅、宰相架梁的事全写了进去。当时人们不解其意。过了一段时间，才得知三个帮忙的都是当朝贵人，喜出望外。太傅何塘写的这副对联也很快流传开来。

(52)**筱草撕画卷，板桥求师古城镇：**郑板桥任范县（今莘县古城）县令期间，常邀一些文人墨客评诗论画。当时，乡村有一位叫筱草的青年托本村的蚌翁将自己的画作捎至县衙请板桥品评。画上的图景是：日已落山，余晖尚存，山坡上一樵夫砍柴已毕，并将柴草捆好，准备回家，却又神情迟疑。郑板桥沉吟片刻曰：“此画意境新颖，技法甚佳。但不足之处是樵夫身边少了一把斧头，大概是作者粗心所致吧！”遂调色润笔在樵夫腰带上添了一把斧头。蚌翁将画交与筱草，筱草看曰：“此画一改，寓意全失矣！”接着将画撕成碎片。随即挥笔成诗一首让蚌翁复交与板桥。诗曰：“糊涂县令好糊涂，砍柴焉能不带斧。樵夫欲归何所虑，岂非正在寻找斧。"板桥看后,直呼:"写得好,写得好!"于是马上令蚌翁带路,前去拜访。

㊽**交通**:交错相通。

在惶恐中前行（后记）

在各位同仁的共同努力下，拙著终于面世了，在此，谨向所有关心和支持本书出版工作的各位方家和同仁表示衷心的感谢并致以崇高的敬意！

书出版了，这段时间的紧张与忙碌也总算告一段落，但我的心却非但没有放松反而变得更加紧张与不安起来，究其原因就是考虑到当她融入社会洪流之后能经得起读者的审视和评判吗？能经得起实践的检验吗？褒贬扬抑尚不得而知，心情又怎能变得轻松与坦然！此刻，不禁想起了北宋大文学家欧阳修的"不畏先生嗔，却怕后生笑"。此时此刻，感同身受。然此之于我，却恐怕又将变成"既畏先生嗔，又怕后生笑"了！所以，如果用一个词来形容我此时的心情，那便是"惶恐"。古之大臣向皇帝上书或进言时常言"诚惶诚恐"，以示自己的谦恭与不安，唯恐自己所言有悖圣意，那后果是不堪设想的，所以我认为其所言"诚惶诚恐"当不是简单而客气的套语，而应是"征于色"而"发于心"的。以此类推，一向视顾客为上帝的商家对顾客的心情亦应是"诚惶诚恐"的，不然，那是要砸掉自己的招牌，毁掉自己"钱"程的；而作者对于自己的上帝——读者的心情又何尝不是如此呢！它就不关乎自己的命运吗！所以，我此时此刻的心情便是除了"惶恐"还是"惶恐",在惶恐中期待大家的指点与评判,在惶恐中接受大家的批评与指正,为此,还请大家不吝赐教!

不胜感谢!

冯庆元

2012年8月

发现教育智慧
助力教师专业化成长
致力于高效课堂模式的推广与应用
服务于"新学校""新课堂""新教师""新学生"

教育发现书系隆重推出

类别	书名	作者
高效课堂	高效课堂理论与实践——我们的教育学	李炳亭 著
	杜郎口"旋风"（修订版）	李炳亭 著
	高效课堂22条	李炳亭 著
	高效课堂九大"教学范式"	李炳亭 著
	我给传统课堂打0分	李炳亭 著
	高效课堂导学案设计	张海晨 李炳亭 著
	问道课堂：高效课堂理念与方法的26个追问	李炳亭 褚清源 著
	问道课堂Ⅱ：解读现代课堂常识与行动	郭瑞 梁恕俭 主编
	发现高效课堂密码（修订版）	于春祥 著
课改论道	教育即人学：一个教育局长的行动研究	任永生 著
	课改立场：一个区域教育的实践样本	李炳亭 褚清源 张志博 著
	中国当代课改档案	李炳亭 洪湖 著
	善待杜郎口——李镇西教学随笔	李镇西 著
	民主教育在课堂	李镇西 主编
	教育即道德	田保华 著
	蒋自立与自我教育	蒋自立 著
	问道中国教育：仰望教育的天空	雷振海 李炳亭 编
	问道中国教育：撬动教育的支点	雷振海 李炳亭 编
	问道中国教育：追寻教育的幸福	雷振海 李炳亭 编
	问道中国教育：改变教育的思维	雷振海 李炳亭 编
	问道中国教育：追溯教育的原点	雷振海 李炳亭 编
班主任修炼	发现班主任智慧：追求充满人性的教育	郭文红 著
	班级问题诊断	高影 编
	治班有招	高影 编
	治班有道	高影 编
	问题学生诊断	高影 编

教育发现书系隆重推出

类　别	书　名	作　者
校长修炼	学校管理的N个创意	王红顺 著
	活的教育	陶三发 著
	学校智道	褚清源 著
	校长之道	姚文俊 著
	学校管理智慧：教师成长	吴盈盈 编
	学校管理智慧：管的艺术	吴盈盈 编
	学校管理智慧：找到学校的魂	吴盈盈 编
	学校管理智慧：校长成长	吴盈盈 编
教师成长	冯庆元老师讲语文：一个乡村中学教师的语文人生	冯庆元 著
	教师成长那些事	林金炎 著
	师道：为师亦有道	马朝宏 主编
	李平老师讲语文	李平 著
	做幸福的老师	翟幸福 主编
	使人成为人	司家栋等 著
	课堂问题与争鸣	叶飞 编
	教师成长密码	叶飞 编
民办教育	中国民办教育观察	褚清源 著
区域课改之殷都样板	殷都样板：小学低年级导学案点评	姚文俊 金耀林 主编
	殷都样板：小学英语导学案点评（3—6年级）	姚文俊 金耀林 主编
	殷都样板：小学数学导学案点评（3—6年级）	姚文俊 金耀林 主编
	殷都样板：小学语文导学案点评（3—6年级）	姚文俊 金耀林 主编
	殷都样板：中学导学案点评	姚文俊 金耀林 主编
	为了学生的学	姚文俊 金耀林 主编
	分数大变脸	姚文俊 金耀林 主编
	做智慧教师	姚文俊 金耀林 主编
	模式就是生产力	姚文俊 金耀林 主编
	"主体多元"在殷都	姚文俊 金耀林 主编

地　址：山东省济南市英雄山路189号山东文艺出版社　　邮　编：250002
购书热线：0531—82098775　　投稿信箱：jiaoyufaxian@126.com
投稿热线：0531—82098789　　读者交流QQ群：69362448

图书在版编目（CIP）数据

冯庆元老师讲语文：一个乡村中学教师的语文人生/冯庆元著. —济南：山东文艺出版社，2012.12
ISBN 978－7－5329－3744－8

Ⅰ.①冯… Ⅱ.①冯… Ⅲ.①中学语文课—教学研究 Ⅳ.①G633.302

中国版本图书馆 CIP 数据核字(2012)第 108631 号

冯庆元老师讲语文
——一个乡村中学教师的语文人生

冯庆元　著

主管部门	山东出版集团
集团网址	www.sdpress.com.cn
出版发行	山东文艺出版社
社　　址	山东省济南市英雄山路 189 号
邮　　编	250002
网　　址	www.sdwypress.com
读者服务	0531－82098776（总编室）
	0531－82098775（发行部）
电子邮箱	sdwy@sdpress.com.cn
印　　刷	山东德州新华印务有限责任公司
开　　本	710 毫米×1000 毫米　1/16
印　　张	19.5　插页/2
字　　数	226 千字
版　　次	2012 年 12 月第 1 版
印　　次	2012 年 12 月第 1 次印刷
书　　号	ISBN978－7－5329－3744－8
定　　价	32.00 元

版权专有，侵权必究。如有图书质量问题，请与出版社联系调换。